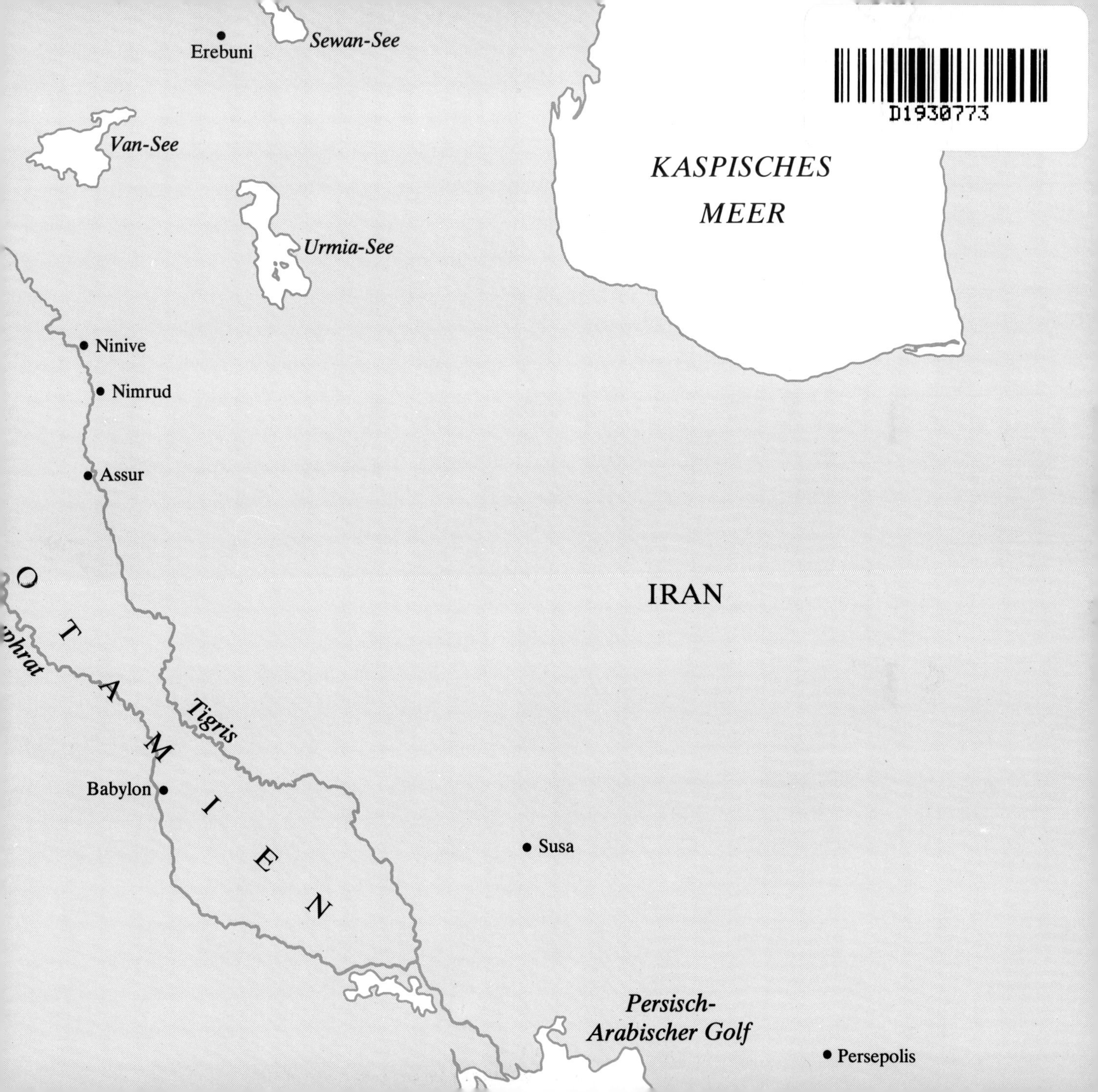
Erebuni
Sewan-See
Van-See
Urmia-See
KASPISCHES MEER
Ninive
Nimrud
Assur
IRAN
OTAMIEN
phrat
Tigris
Babylon
Susa
Persisch-Arabischer Golf
Persepolis

Alte Kulturen am Mittelmeer

Illustrationen
von Manfred Rohrbeck

Joachim Voos

Die Phöniker

Seefahrer aus dem Orient

Der Kinderbuchverlag
Berlin

Für Patrick

Phöniker, der grüßend die Hände erhoben hat. Ausschnitt aus einem Alabasterrelief vom Palast des assyrischen Königs Assurnasirpal II. (884–858 v. Chr.) in Nimrud

In der Landschaft Kanaan, an den Küsten Syriens und Palästinas, dort vor allem, wo sich heute der Staat Libanon erstreckt, lebten im ausgehenden zweiten und im ersten Jahrtausend v. Chr. die Phöniker. Im Rücken ihrer Stadtstaaten türmten sich die zedernbewaldeten Libanon-Berge, vor ihnen lag das Mittelmeer. Dort fingen sie die Purpurschnecken, aus denen der rote oder violette Saft gewonnen wurde, mit dem sich so vortrefflich Gewänder färben ließen. Sie fanden überall in der Alten Welt Absatz. Wohl gerade deshalb nannten die Griechen die Leute aus Tyros, Sidon, Byblos oder Arados „Phoinikes" – die aus dem Purpurland.
Die Phöniker waren einfallsreiche Handwerker und Künstler, gewandte Händler, kühne Seefahrer und mutige Entdecker. Mit ihren seetüchtigen Schiffen fuhren sie durch das Mittelmeer zu den Säulen des Herakles und sogar rund um Afrika. Viele Städte gründeten sie einst an fernen Küsten, auch das mächtige Karthago im Norden Afrikas war eine Tochterstadt Phönikiens. Waren aus aller Herren Länder wurden in den Häfen und auf den Märkten der Phöniker umgeschlagen, und ihre Städte erblühten. Dankbar brachten sie ihren zahlreichen Göttern in Tempeln und anderen Heiligtümern Opfer dar und baten um ihren Schutz.
Auch eine Buchstabenschrift haben die Phöniker entwickelt und an andere Völker weitergegeben. Sie war viel einfacher als die Hieroglyphen der Ägypter oder die Keilschrift der Babylonier, Assyrer und Hethiter. Auf dem Alphabet der Phöniker beruht letztlich auch unsere Schrift.
Folgen wir den Spuren der Phöniker, die Archäologen aus der Erde gegraben und Sprachgelehrte aus ihren Texten herausgelesen haben. Folgen wir auch den Berichten, die andere Völker über jene berühmten Handwerker, Händler und Seefahrer aus dem Orient hinterließen.

Lage von Tyros. – Im Grabungsgebiet wurden fast ausschließlich Ruinen der hellenistisch-römischen Zeit gefunden.

Die goldene Zeit Phönikiens

Majestätisch thronte Tyros, die Inselstadt, auf zwei miteinander verbundenen Felsen einen guten Kilometer vor der Küste. Von der Natur begünstigt, von einer festen, turmbewehrten Steinmauer schützend umschlossen, schien sie schier uneinnehmbar. Der Palast des Stadtfürsten und die Tempel der mächtigen Götter streckten im Glanze der unbarmherzig brennenden Sonne ihre Mauern dem Himmel entgegen. In den Zisternen der Stadt blinkte das lebenspendende Trinkwasser. Auf Reede lagen friedlich zahlreiche Schiffe vor Anker. In den beiden Häfen der Insel, dem »sidonischen« im Norden und dem »ägyptischen« im Süden, wurde die Ladung der Schiffe gelöscht und neue Handelsware an Bord genommen.

Überall herrschte geschäftiges Treiben. Neben den Einheimischen sah man viele Fremde, Menschen aus aller Herren Länder: Händler und Seeleute meist, aber auch Krieger, die in phönikischen Diensten standen. Was für ein Sprachengewirr, ein Schreien und Feilschen im Hafen und auf den Märkten! – Was darf's denn sein, mein Herr? Ein feines Kleid von glänzendem Purpur für die Frau Gemahlin? Oder vielleicht dieser unübertroffene Armreif aus Gold, eine feingliedrige Kette, wundervolle Ohrringe? Auch kunstreich geschnitztes Elfenbein haben wir im Angebot, einmalige Zier für den Schminktisch oder das Bett der hohen Herrschaften. Zögre nicht, greif zu, mein Herr, du wirst es nicht bereuen, alles ist aus meisterlichen Händen.

In den Handelshäusern, wo die größeren Geschäfte abgewickelt wurden, herrschte ein Kommen und Gehen. Die Schiffsunternehmer brauchten sich nicht über Mangel an Aufträgen zu beklagen. Gefragt waren ihre Dienste beim

Transport der Handelsgüter über das Meer, sei es zur Kupferinsel Zypern, nach Ägypten oder in manch andere Gegend.
Weithin dröhnten die Hämmer der Steinmetzen, die ihre Meißel in den Werkstoff trieben, weithin hallten die wohlgezielten Schläge der Kunstschmiede auf Metall. Emsig war man auch auf den Feldern, in den Obstplantagen oder Weingärten, die sich auf dem fruchtbaren Boden des Festlandes bis zu den Berghängen des Libanon erstreckten und den Tyrern gehörten. Erst mit der Dunkelheit ebbte die Geschäftigkeit ab, kehrte Ruhe ein.
So oder ähnlich ging es nicht nur in Tyros, sondern auch in

Fürsten aus Phönikien, Syrien und Palästina bringen dem Pharao Tutanchamun (etwa 1346–1336 v. Chr.) Tribute, darunter Tiere und kostbare Metallgefäße. (Der Pharao ist hier nicht zu sehen.) Die nur mit einem Schurz bekleideten Figuren sind Sklaven. Einer der Sklaven trägt einen Kupferbarren, der wohl aus Zypern stammt. Die Gegenstände in den goldenen Schalen könnten Halbedelsteine, wie Karneol (rot) und Lapislazuli (blau), sein. – Ausschnitt einer Wandmalerei aus einem Grab in Theben (Ägypten)

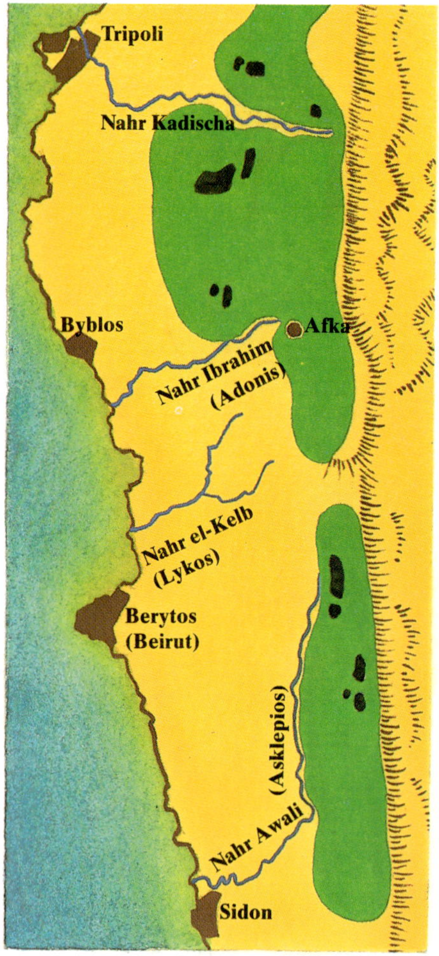

Einstige Verbreitung der Zedernwälder im Gebiet zwischen Sidon und Tripoli (grün) und heutige Restbestände (schwarz). Der über Jahrtausende andauernde Holzeinschlag im Libanon und der Ziegenfraß an den Jungpflanzen führten dazu, daß nur noch wenige Zedernhaine erhalten blieben.

den anderen phönikischen Städten zu. Häufig kamen Abgesandte des Pharao aus Ägypten und der Könige aus Mesopotamien, Leute von der kleinasiatischen Küste und von der Insel Zypern, mitunter sogar aus dem fernen Griechenland nach Phönikien. Die begehrten Handelsgüter der Phöniker ließen sie die Strapazen der langen Reise zu Wasser oder zu Lande vergessen.

Längst war der gute Ruf der phönikischen Städte als Handelsplätze in alle Welt gedrungen. Was wurde dort nicht alles feilgeboten: erlesenes Zedern- und Zypressenholz aus dem Libanon-Gebirge, Gold, Edelsteine und Geschmeide aus dem Land Ophir oder aus Ägypten, Metalle aus dem fernen Tarschisch oder von der Kupferinsel Zypern und feines Leinen aus Ägypten. Ebenso hoch im Kurs standen Produkte aus den eigenen Werkstätten: buntgewirkte Gewänder und glänzende Purpurstoffe sowie Meisterleistungen aus Bronze, Elfenbein, Glas oder Ton. Auch Vieh, Getreide, Obst und andere geschätzte Waren, teure und billige, gelangten in die phönikischen Städte oder nahmen von dort ihren Weg in die Länder diesseits und jenseits des Meeres. Selbst Sklaven hat man dann und wann auf den Märkten verkauft.

Stolz waren die Phöniker auf ihre Unabhängigkeit. Vorbei die Zeit, als noch der Pharao und die ägyptischen Beamten über das Wohl und Wehe phönikischer Städte geboten und ihnen Tribut abverlangten! Nun bestimmten die Fürsten von Tyros, Sidon, Byblos oder Arados selbst die Geschicke ihrer Städte, die locker miteinander verbunden waren und sich, mauerumgürtet und turmbewehrt, an der Küste entlangzogen. Handwerk und Handel mit eigenen und fremden Produkten aller Art verhalf ihnen zu Reichtum und Ansehen. So mancher Fürst wollte seinen Untertanen nicht nachste-

hen und beteiligte sich selbst an den gewinnbringenden Geschäften.
Weisheit und Berechnung in der Politik gegenüber den Nachbarn, Klugheit und Pfiffigkeit bei den Handelsgeschäften waren das Gebot der Zeit. So haben die phönikischen Fürsten und Handelsherren, wohl wissend um die günstige Lage des Landes am Meer, ihren Reichtum und den ihrer Städte gemehrt. Gold, Silber und Elfenbein türmten sich in ihren Schatzkammern.
In den Tempeln und anderen Heiligtümern Phönikiens wurde nicht mit Opfern gegeizt, um sich des Wohlwollens der zahlreichen Götter – wie des Melkart von Tyros, der Aschtart von Sidon, der Herrin von Byblos, des Baal Saphon oder des göttlichen Gebieters über die Zedernwälder – zu versichern. Mochten sie die Städte schützen, Handwerk und Handel begünstigen und die Schiffe allzeit wohlbehalten über das Meer tragen!

Bronze- oder Kupferständer aus Zypern. Auf den vier Seiten sind dargestellt: ein Mann, der einen Kupferbarren in Form eines aufgespannten Tierfelles geschultert hat (hier zu sehen), ein Harfenspieler sowie ein Mann, der zwei Fische bzw. ein Gefäß und zwei Stoffballen trägt. Höhe des Ständers 12,5 cm, 12./11. Jh. v. Chr.

Ein Skarabäus – steinerne Nachbildung des heiligen Käfers der Ägypter. Er wurde sowohl als Amulett als auch als Siegel verwendet. Die Unterseite zeigt eine Kultszene sowie eine Inschrift in Phönikisch und in Ägyptisch. Dieser Skarabäus aus Steatit (Speckstein) wurde in Sulcis auf Sardinien gefunden, ist 3,5 cm lang und stammt aus dem 5./4. Jh. v. Chr.

Libanon-Zedern

Herren über die Zedernwälder

Mit den Zedern des Libanon, jenen stattlichen, immergrünen Kieferngewächsen mit ihrem schattenspendenden Gezweig, waren die Phöniker wahrlich gesegnet. Sie hatten allen Grund, dem Baal der Zedern, dem göttlichen Herrn über ihre Wälder, für diesen großen Reichtum zu danken.
Neidvoll schauten die mächtigen Herrscher aus dem Nilland und aus Mesopotamien auf die Zedernwälder des Libanon. Gab es doch bei ihnen kaum Holz, das sich zum Bau der großen Tempel und Paläste verwenden ließ. Unübertroffen blieb das wohlriechende Holz der Libanonzedern, das lange jeder Witterung zu trotzen vermochte! Auch Öl, Harz und Pech konnte man aus der Zeder gewinnen.
Seit uralten Zeiten schon liefen Schiffe aus Ägypten phönikische Häfen an. Sie kamen vor allem nach Byblos, um Zedernholz, roh oder halbfertig bearbeitet, für den Bau von Schiffen und Tempeln, von Grabanlagen und Sarkophagen zu laden. Immer längs der Küste fahrend, brachten sie es in das Land am Nil. Wesentlich komplizierter war es, die Stämme aus dem Libanon nach Mesopotamien zu befördern. Weite Strecken über Land, auf mühselig angelegten Gebirgspfaden oder den alten Karawanenwegen ließen sich nicht vermeiden. Wenigstens bis an den großen Fluß Euphrat mußte das Holz geschafft werden. Dort endlich konnte man Flöße bauen und es so leichter nach Babylonien oder Assyrien transportieren, wo die Bauleute der königlichen Paläste und der Tempel für die angesehensten Götter die nächste Holzlieferung schon erwarteten.
Doch was wog all die Plackerei der Holzfäller, Wegebauer, Träger oder Schiffsmannschaften im Vergleich zu dem dunklen, harten Holz der starken Zedern! Zedernholz aus dem

Libanon mußte her, kostete es auch viele Krüge an Gold, Silber und Geschmeide! Die handelstüchtigen Phöniker wußten sehr wohl, was ihr Holz wert war.
Wie selbstbewußt die Herren der kanaanäischen Küste geworden waren, bekam so mancher ungebetene Gast zu spüren. Aus einem ägyptischen Papyrus erfahren wir, was sich der Beamte Wenamun in Phönikien gefallen lassen mußte. Von Theben war er ausgeschickt worden und auf abenteuerlichen Wegen über Tyros und Sidon nach Byblos gelangt, um Zedernholz für das Flußschiff des Amun, des Königs der ägyptischen Götter, zu holen. Wenamun glaubte, dem Fürsten von Byblos das kostbare Holz wie in alten Zeiten einfach abfordern zu können. Doch weit gefehlt! – Bin ich etwa der Sklave dessen, der dich geschickt hat? gab der Fürst ihm zu verstehen. Erst zahlen, dann das Holz!
Und Zakirbaal, so hieß der Fürst, ließ es sich reichlich entgelten. Viele Krüge mit Gold und Silber, Gewänder und Stoffballen aus feinem ägyptischen Leinen, Rinderhäute, Säcke mit Linsen und Körbe voll Fisch mußten aus Ägypten kommen. Erst dann schickte Zakirbaal dreihundert Leute mit ebenso vielen Zugochsen in die Wälder des Libanon. Dort fällte man die Bäume; Ochsengespanne schleppten das Holz, sobald es ausgetrocknet war, an die Küste. Endlich durfte der Ägypter die Zedernstämme auf ein Schiff laden und in seine Heimat bringen.
Auch bei den Nachbarn der Phöniker in Palästina war das Holz der Zedern heiß begehrt. Das Alte Testament berichtet in seinen Geschichtsbüchern davon: Eine prachtvolle Burg wollte Salomo, der König von Israel, in seiner Hauptstadt Jerusalem errichten – zum Ruhme Jahwes, des Gottes Israels, und zu seinem eigenen Glanze. Nur Zedern und Zypressen aus dem Libanon-Gebirge kamen für die hölzernen Bau-

Auszug aus dem ägyptischen Papyrus mit dem Reisebericht des Wenamun, geschrieben in schwarzer Tusche (Ende 12./Anfang 11. Jh. v. Chr.)

Bronzestatuette des Wetter- und Zederngottes Baal, aus Beirut. Der Gott schwang in der Rechten ursprünglich eine Waffe. Höhe der Statuette 13,6 cm, 13.–10. Jh. v. Chr.

teile am Tempel Jahwes und am Königspalast in Frage. Staunend sollte alle Welt Salomo als den Bauherrn preisen.
Kein anderer als Hiram, der Fürst von Tyros, konnte das vorzügliche Bauholz beschaffen. Hatte er nicht schon König David, dem Vater Salomos, Zedernstämme zum Bau seines Palastes geschickt und erfahrene Zimmerleute und Steinmetzen aus Tyros dazu? Schmeichelnd wandte sich Salomo an Hiram: Er möge ihm bitte Zedern-, Zypressen- und auch Sandelholz senden, denn ihm sei bekannt, daß Hirams Leute die Bäume auf dem Libanon wie niemand sonst zu fällen verstünden.
Der Tyrer witterte ein gutes Geschäft. Ließen sich als Gegenleistung nicht manche Dinge nach Tyros, der Inselstadt, bringen, an denen es dort mangelte? Das Antwortschreiben Hirams, in dem er Salomo seine Unterstützung für die Bauvorhaben zusicherte, ließ deshalb nicht lange auf sich warten.
Also wurde ein Vertrag abgeschlossen: Salomo war bereit, viele Holzfäller und Zimmerleute als Gehilfen in den Libanon zu beordern, damit unter Hirams fachkundiger Aufsicht die Bäume gefällt und die Stämme für den Transport nach Jerusalem vorgerichtet werden konnten. Dafür wollte sich Salomo mit vielen Geschenken erkenntlich zeigen und dem Tyrer Jahr für Jahr große Mengen an Lebensmitteln liefern. Hiram war das nur recht. Die Speicher von Tyros würden sich so mit Weizen und Gerste, die Keller mit köstlichem Wein und feinem Olivenöl füllen.
Das große Vorhaben begann. Unter den wuchtigen Axthieben der Holzfäller neigten selbst die stolzesten Zedern ohnmächtig ihre Wipfel zur Erde, wie von der blitzenden Hand Baals niedergestreckt. Mit Ochsengespannen wurden die Stämme ans Meer geschafft. Dort band man sie zu Flößen

Nachbildungsversuch des nach phönikischem Vorbild zur Regierungszeit Salomos erbauten Jahwe-Tempels in Jerusalem (Mitte 10. Jh. v. Chr.). Über sein Aussehen gibt es verschiedene Ansichten.

und brachte sie entlang der Küste nach Süden, gen Japho, wo sie der König von Israel abholen ließ.

Die Zahl der zum Frondienst im Libanon verpflichteten Männer ging in die Zehntausende. Noch größer war die Zahl der Steinmetzen im Gebirge und der Lastträger, die die Baumaterialien heranschleppten. Ein Transport nach dem anderen gelangte nach Jerusalem zur Baustelle. Die Arbeiten wurden von vielen Aufsehern überwacht.

Emsig waren die phönikischen Meister und die hilfreichen Männer Salomos, all die Steinmetzen, Zimmerleute und Bauarbeiter, am Werk. Stein um Stein wuchs das heilige Haus Jahwes nach dem Vorbild phönikischer Tempel, wuchs auch die Palastanlage Salomos.

Endlich war es soweit. Die Balken und Bretter aus den edelsten Hölzern wurden herbeigeschafft, denn nun galt es, die Dächer zu decken, die Türen einzusetzen und die Innenwände zu täfeln, bis kein Stein mehr sichtbar war. In einem der Gebäude des Palastes – 100 Ellen lang, 50 Ellen breit und 30 Ellen hoch – wurden die Säulen aus dem Holz der Zeder sogar in drei Reihen angeordnet, fünfundvierzig an der Zahl. Auch Balken und Decke wurden aus Zedernholz eingefügt.

Wohl deshalb nannte man dieses Palastgebäude fortan das »Haus vom Walde Libanon«. So blieb jedem in Erinnerung, wo die prächtigen Stämme wuchsen.

Das »Haus vom Walde Libanon« war wahrscheinlich Versammlungs- und Zeughaus auf der Burg Salomos. Nachbildungsversuch der Innengestaltung

Goldenes Ohrgehänge mit Granulation, aus Marathos. Höhe etwa 8 cm, 7./6. Jh. v. Chr.

Meister des Kunsthandwerks

Doch wer sollte den Bauwerken auf der königlichen Burg Salomos höchsten Glanz geben, sollte die metallene Zier, das feingliedrige Schnitzwerk anbringen, die kostbaren Gerätschaften anfertigen und all die feinen purpurnen Vorhänge herrichten? Die Wahl fiel Salomo nicht schwer. Er wandte sich wiederum an Hiram, den Fürsten von Tyros, und bat ihn um seine fähigsten Kunsthandwerker, denn ihre Geschicklichkeit war ebenfalls in aller Munde.

Hiram zeigte sich geneigt, auch diesmal Salomos Wunsch zu entsprechen – für Gegenleistungen, versteht sich. Seine klügsten und gewandtesten Männer schickte er nach Jerusalem. Salomo konnte sicher sein: Jeden Auftrag führten sie kunstvoll aus. Einen von ihnen, vielleicht den Meister aller Meister, nennt das Alte Testament beim Namen: Hiram soll er geheißen haben, wie der Fürst von Tyros, und Bronzeschmied soll er gewesen sein, wie schon sein Vater.

In Jerusalem eingetroffen, machten sich die Kunsthandwerker aus Phönikien sogleich ans Werk. Ihr Können ließ jeden erstaunen. Das Alte Testament überliefert uns eine Schilderung dessen, was sie schufen, und läßt uns die Pracht der Ausstattung von Tempel und Palast zumindest erahnen:

Am Eingang zum Tempel Jahwes standen zwei Säulen, wie es auch bei phönikischen Tempeln üblich war. Sie sollen achtzehn Ellen hoch gewesen sein. Mit Kapitellen, Flechtwerk und Granatäpfeln waren sie reich geschmückt. Und erst das große Bronzebecken für den Tempel, das man »Meer« nannte, Abbild des Urozeans! Zehn Ellen maß es von einem Rand zum anderen, fünf Ellen in der Höhe. Rundherum war es kunstvoll verziert. Das Becken stand auf zwölf Rindern, von denen drei nach Norden, drei

nach Osten, drei nach Süden und drei nach Westen blickten. Es war für die rituellen Waschungen der Priester bestimmt.
Ausführlich werden im Alten Testament die bronzenen Kunstwerke beschrieben, die unter Leitung Hirams entstanden: Säulen mit verzierten Kapitellen, Kessel auf fahrbaren Gestellen, das »Meer«, Werkzeuge und verschiedene Kultgeräte. In Gießereien am Jordan wurde Bronze in unbeschreiblicher Menge in Formen aus festem Lehm gegossen. Neben den Bronzen entstanden für den Tempel auch ein Altar aus Zedernholz, ganz und gar mit Gold überzogen, viele goldene Gerätschaften sowie Tische, Leuchter, Lampen, Messer, Schüsseln und Pfannen.
Auch für die Palastanlagen Salomos zauberte die Fingerfer-

Nachbildungsversuch des »Meeres« für den Jahwe-Tempel Salomos in Jerusalem

tigkeit der phönikischen Handwerker aus ungefügem Holz, Gestein oder Metall Kunstwerke hervor. Sie schmückten die Thronhalle, die Wohnbauten und die anderen Gebäude des Palastkomplexes. Der Königsthron, von Löwen schützend flankiert, wurde mit Elfenbeinschnitzereien verziert und mit purem Gold überzogen.
Zwanzig Jahre dauerte es, bis endlich Ruhe einkehrte auf der Baustelle, die Werkzeuge verstummten, die Gerüste verschwanden. Prachtvoll erstrahlten nun der Tempel Jahwes und die Palastanlagen Salomos in weißem, fein geädertem Stein, edlem Zedernholz, in Gold, Silber und manch anderem kostbarem Zierat.

Metallhandwerker und Elfenbeinschnitzer

Hervorragend verstanden es die Handwerker aus Phönikien, mit den widerspenstigen Metallen umzugehen. Nicht

Fragment einer Silberschale aus Amathus (Zypern) mit ägyptischen, assyrischen und phönikischen Motiven, vor allem Kampfszenen und Götterdarstellungen. Der Außenfries zeigt vermutlich die Eroberung einer phönikischen Stadt durch assyrische, ägyptische und wohl griechische Söldner. Durchmesser 19 cm, 7. Jh. v. Chr.

umsonst hatte sich Salomo, der König Israels, weitgerühmte Künstler aus Tyros kommen lassen, die für die Metallarbeiten bei den Bauvorhaben auf der Königsburg in Jerusalem zuständig waren.
So verwundert es nicht, daß man in Phönikien auf die verschiedensten Werkstätten traf, wo man aus Metallen Gebrauchsgegenstände, Waffen, Schmuck und anderen kunstvollen Zierat fertigte. Da wurde Bronze, auch Gold und Silber nach unterschiedlichen Techniken in Formen aus gebranntem Ton oder aus Stein gegossen. (Den Eisenguß gab es damals noch nicht.) Schmiede hämmerten Metalle, darunter Eisen, in die gewünschte Form. Häufig wurden aus dünnem Gold-, Silber- oder Bronzeblech mit feinen metallnen Schlagwerkzeugen ganze Gegenstände oder erhabene Verzierungen getrieben. Dann begannen die Feinarbeiten: das Schleifen und Polieren, das Ziselieren und Gravieren, wobei man das jeweilige Muster in die polierte Metalloberfläche einstach bzw. einritzte. Auch wurde gestanzt und gebohrt und gelötet, bis alles die gewünschte Form und Qualität aufwies.
Auf diese Weise entstanden Schalen aus Bronze, Silber oder Gold, mit abwechslungsreichen Bildern von Menschen, Tieren oder Fabelwesen, aber auch mit Schmuckwerk, wie Rosetten und Flechtbändern. Man verwendete dafür neben einheimischen Motiven vor allem solche aus Ägypten, doch auch aus Assyrien und von anderswo. Sie spiegeln all die Anregungen wider, die Phönikien als Mittler der Kulturen zwischen Ost und West aufnahm. Phönikische Metallschalen gelangten nicht nur nach Assyrien oder Zypern, sondern ebenso nach Griechenland oder Italien. Ein großer Teil davon ist von phönikischen Meistern ganz bestimmt auch außerhalb ihres Heimatlandes geschaffen worden.

Anhänger aus Gold, mit Darstellung einer nackten weiblichen Figur, wohl der Göttin Aschtart (Höhe etwa 7 cm, 13.–10. Jh. v. Chr.)

Eine Kuh, die ihr Kalb säugt. Elfenbeinarbeit aus Arslan Tasch, die zur Verkleidung prunkvoller Möbel gehörte und wahrscheinlich in einer phönikischen Werkstatt hergestellt wurde. Höhe 5,7 cm, zweite Hälfte des 9. Jh. v. Chr.

»Mona Lisa« – Frauenkopf aus Elfenbein, von einem Möbelstück aus Nimrud. Höhe 16,1 cm, Ende des 8. Jh. v. Chr.

Gold- und Silberschmiede verstanden sich auf die Fertigung zierlichster Schmucksachen, wie Halsketten, Ohrringe, Anhänger, Armringe und Gewandnadeln. Die Verzierungen wurden häufig auch in Granulationstechnik ausgeführt, indem man Gold- oder Silberkörnchen auflötete. Die Ornamente waren ähnlich vielfältig wie bei den Metallschalen. Über lange Zeit hielten sich die weitverbreiteten phönikischen Traditionen der Schmuckherstellung. Deshalb ist es schwer, herauszufinden, ob ein Schmuckstück in heimatlichen Werkstätten oder außerhalb Phönikiens entstand.
In anderen Werkstätten stellten Waffenschmiede Schwerter und Dolche, Speer- und Pfeilspitzen aus Eisen her und belieferten die Streitmacht der Phönikerstädte. Durch Handel gelangten viele Waffen auch in fremde Heere.
Allerorts ebenso gefragt waren die phönikischen Elfenbeinschnitzereien. Den wertvollen Rohstoff, die Stoßzähne der Elefanten, erhandelten die Phöniker über das Rote Meer aus Indien und dem Küstenland Punt im Osten Afrikas. Aber auch in einigen Gegenden Syriens, der Nachbarregion im Norden und Osten Phönikiens, gab es damals noch Elefanten. Erst die erbarmungslose Jagd der Assyrer auf die Rüsseltiere im Gebiet des Euphrat und seiner Nebenflüsse ließ die vorderasiatischen Elefanten im 8. Jahrhundert v. Chr. endgültig aussterben.
Aus den Elefantenstoßzähnen fertigten die Elfenbeinschnitzer mit feinen, metallenen Werkzeugen Statuetten, Schmuckkästchen, Kämme und Haarnadeln und besonders häufig Zierat für prunkvolle Betten, Throne, Tische, Schemel und Altäre. Beliebt waren vor allem Darstellungen, die man aus Ägypten kannte. Ägyptische Götter und Sphingen, Papyruspflanzen und Lotosblüten, Tiere und andere Motive wurden – je nach Wunsch der reichen Auftraggeber – aus

dem weichen, goldgelb glänzenden Material herausgeschnitzt. So zeigen die Elfenbeinschnitzereien den ägyptischen Königsgott Horus auf einer Lotosblüte sitzend, zwei Jünglinge beim Binden von Papyrusstauden, schreitende oder sich gegenüberstehende Sphingen, einen äsenden Hirsch oder eine Kuh, die ihr Kälbchen säugt.
Über die Märkte Phönikiens sowie durch phönikische Elfenbeinschnitzer, die auf Bestellung arbeiteten oder an den Höfen fremder Herrscher ihr einträgliches Gewerbe ausübten, gelangten zahlreiche Kunstwerke aus Elfenbein ins Ausland. Sie gehörten auch zur Kriegsbeute, die zum Beispiel die Assyrer von ihren Eroberungszügen zum Mittelmeer nach Hause brachten, oder zu den bevorzugten Tributen, die sie den besiegten phönikischen Städten abverlangten. Die Gier der Fremden war unersättlich ...

Frühphönikische Elfenbeindose aus Kamid el-Loz (14. Jh. v. Chr.) in Gestalt einer schwimmenden Ente; auf dem Deckel ist eine Jungente dargestellt. Wahrscheinlich wurde darin Schminke aufbewahrt. Länge der Dose 16,4 cm

Glasperle in Form eines menschlichen Kopfes, gefunden an der palästinensischen Küste. Höhe 1,6 cm, 6./5. Jh. v. Chr.

Gläser, funkelnd wie edle Steine

In den Handwerkervierteln der phönikischen Städte arbeiteten auch die Glasmacher, stets von einer neugierigen Menge umringt.

Feiner Sand, Schneckengehäuse als Kalklieferanten, die bei der Purpurproduktion in großer Menge anfielen, Pflanzenasche zur Herabsetzung des Schmelzpunktes und verschiedene Metalloxide zur Farbgebung – die Ausgangsmaterialien der Glasherstellung – waren um den Schmelzofen aufgehäuft. Holz und Holzkohle dienten als Brennmaterial.

Erschöpft setzte sich der Gehilfe des Glasmachers nieder. Die ganze Zeit hatte er den Blasebalg bedient. Denn unablässige Luftzufuhr war nötig, damit das Feuer im Schmelzofen ständig loderte und eine Temperatur von etwa 1100 °C erzeugte, bei der die verschiedenen Stoffe zu einer farbigen, undurchsichtigen Glasmasse zusammenflossen. Eine gewiß nicht leichte Arbeit bei der Gluthitze; niemand der Schaulustigen beneidete den Mann.

Der Meister begutachtete am Guckloch die Qualität der Schmelze. Zufrieden öffnete er den Ofen und nahm den Schmelztiegel heraus. Behutsam, gleichmäßig drehend, tauchte er ein an einem Metallstab haftendes Sand-Ton-Gemisch – den Sandkern – in die langsam erkaltende, zähflüssige Masse. Dieser hatte genau die Form der Innenwandung des gewünschten Gefäßes.

Ein Raunen ging durch die Zuschauermenge, als der Meister den Stab herauszog und der Sandkern mit leuchtendem Blau behaftet war. Flink sah man ihn nun andersfarbige Glasfäden aufbringen und einschmelzen, dabei immer wieder den Stab in den Ofen schiebend, um das Glas im Feuer nachzuwärmen. Allerlei Verzierungen sollten das Gefäß aus dem edlen Glas noch schöner machen: Zickzackbänder,

Wellenlinien und Girlanden. Auf ähnliche Weise brachte er schließlich Henkel, Lippe und ein Füßchen an.
Bald war das Gefäß fertig, mußte aber erst abkühlen. Dann nahm der Gehilfe den Stab heraus und kratzte den formgebenden Sandkern, der nun nicht mehr benötigt wurde, sauber aus. Zu guter Letzt wurde das Gefäß noch ein wenig nachgeschliffen und poliert. Nun konnte es der Kundschaft vorgeführt werden.
An einem kleinen Stand wurden die Glassachen aus den Händen des Meisters angeboten. Zahlreiche Kauflustige, Einheimische und Fremde, hatten sich eingefunden. Die Stände der Glasmacher übten stets eine große Anziehungskraft aus, ganz gleich, ob in Sidon, Tyros, Sarepta oder Berytos. Was gab es dort nicht alles zu kaufen!
Glas in den anmutigsten Formen und schönsten Farben, edlen Steinen nachgeahmt, erregten immer wieder besondere Bewunderung. Mit herrlichen Mustern aller Tönungen waren die Gefäße verziert. Schlanke Fläschchen, verschieden geformte Schalen, Becher und Kannen sowie kleine Amphoren wurden zu hohen Preisen gehandelt.
Ebenso reichhaltig war das Angebot an gläsernem Schmuck. Perlen und Anhänger, Amulette oder Nachbildungen des Skarabäus – des heiligen Käfers der Ägypter –, die sich auch als Siegel verwenden ließen, warteten auf ihre Käufer.

Aus Schnecken mache kostbaren Purpur

Unter den Webern und Purpurfärbern der Alten Welt waren die Phöniker die berühmtesten. Keiner verstand sich damals besser aufs Purpurfärben als die Tyrer, Sidonier und die Bewohner anderer Städte an der kanaanäischen Küste. Daher verwundert es nicht, daß die Griechen sie »Phoinikes« – »die aus dem Purpurland« – nannten.

Salbenfläschchen aus Glas in Form einer kleinen Amphora. Höhe 9,5 cm, 5. Jh. v. Chr.

Gehäuse einer Purpurschnecke (Murex truncūlus). Etwa 8000 Schnecken wurden benötigt, um ein Gramm des Farbstoffes zu gewinnen!

Und die Phöniker machten ihrem Namen alle Ehre. Ihre feingewebten purpurroten Stoffe mannigfaltiger Schattierungen waren an allen Fürstenhöfen begehrt. Gern zahlten die Reichen und Mächtigen dafür jeden noch so hohen Preis. Galten doch die besten Purpurstoffe, zumal die phönikischen, als wenigstens so wertvoll wie Gold.
Mit Sicherheit gehörte die Purpurfärberei zu den einträglichsten Gewerben der Phöniker. Dafür war es aber auch eine komplizierte und langwierige Sache, den Purpurfarbstoff zu gewinnen. Viele Tausende, ja Millionen von Purpurschnekken wurden im Laufe der Zeit im Mittelmeer gefangen. Denn jede Schnecke enthielt nur in verschwindend geringer Menge jene Flüssigkeit, die man zur Purpurherstellung benötigte.
Zuhauf türmten sich die Schneckengehäuse an den Produktionsstätten am Rande der phönikischen Städte und überall dort, wohin die Phöniker die Kunst des Purpurfärbens trugen, als stumme Zeugen eines blühenden Gewerbes. Entlang der Küste verbreiteten die rasch verwesenden Schnekkenreste einen unangenehmen Geruch. Ständig brauchten die Purpurfärber Nachschub an Schnecken. Doch nur zwei Schneckenarten eigneten sich zur Gewinnung des Farbstoffes.
Natürlich wußten die Männer genau, wo man jene Schnekkenarten am ehesten fangen konnte. Mit ihren Booten fuhren sie zu den Riffen vor der Küste und warfen dort ihre großmaschig geflochtenen Reusen aus, in denen sich Muscheln als Köder befanden. Nun hieß es ausharren, bis sich die Netze mit Purpurschnecken füllten.
Stundenlang hatten sie zu tun, um die Schnecken aus den Netzen zu klauben. War das geschafft, fuhren die Männer mit ihrer kostbaren Fracht ans Ufer. Dort warteten schon

Rohrbeck 89

Frühphönikische Elfenbeinstatuette einer Frau, aus einem Tempel in Kamid el-Loz. Höhe 7 cm, etwa Mitte des 14. Jh. v. Chr.

Frauen und Kinder, um zu helfen, die Schneckengehäuse aufzuschlagen und den kleinen, nur wenige Gramm wiegenden Drüsenkörper aus den größeren Schnecken herauszunehmen. Er enthielt eine gelbliche Absonderung, den Ausgangsstoff für die Purpurfarben, den man mit Hilfe steinerner Pressen herausquetschte.
Zäh quoll die Flüssigkeit aus den von starken Männern bewegten Pressen und lief in die bereitstehenden Metallkessel. Sobald ein Gefäß voll war, wurde Salz hinzugefügt. Denn so konserviert, konnte der Saft einige Zeit zum »Reifen« stehenbleiben, ohne daß er in der Hitze verdarb.
Darauf folgte ein mehrtägiges Sieden der Flüssigkeit in den Metallkesseln über einem gleichmäßig brennenden Holzfeuer. Dabei sollte der Saft am Kochen bleiben, stetig brodeln, damit viel Dampf entwich und der Sud an Kraft gewann.
War der Saft dickflüssig genug, wurden die Feuer gelöscht, und das Färben konnte beginnen. In die noch immer gelbliche Flüssigkeit tauchten die Färber nun die gereinigte Schafwolle und all die weißen Stoffe hinein, einmal, zweimal, so oft, bis der Saft aufgesaugt war. Dann breiteten fleißige Helfer die Wolle und die feinen Tuche aus, damit sie in der Sonne trockneten und unter Einwirkung des Sonnenlichts allmählich die Purpurfarbe annahmen.
Bei jedem Meister sah der Purpur etwas anders aus, mal rosa, mal kräftig rot oder sogar dunkelviolett – je nach Kraft des Saftes, nach Art der Rezeptur, die streng gehütet wurde. Höchstes Lob erntete jene Farbe, bei der man den Eindruck geronnenen Blutes hatte und die schwärzlich schimmerte. Welche Farbenpracht, die der so kostbare Purpur hervorzauberte! Keiner der Färber brauchte um den Absatz seiner lichtbeständigen, waschfesten Purpurstoffe zu bangen.

Der Sarkophag des Ahirom

Der Fürst von Byblos schickte nach dem besten Steinmetzen der Stadt. Hatte doch jener schon öfter zur Zufriedenheit des Fürstenhauses Denkmäler aller Art kunstvoll in Stein gehauen, Stelen und Statuen mit den Bildern von Göttern, Fürsten, Priestern und anderen hohen Herren, ihnen zum Gedenken oder als Weihgaben für die Tempel und Heiligtümer geschaffen, auch Sarkophage als Ruhestätten für die Toten gingen durch seine meisterlichen Hände. Dieses Mal erwartete ihn ein fürstlicher Auftrag, der besonderes handwerkliches Können und Fingerspitzengefühl verlangte.
Der Steinmetz beeilte sich, in den Palast zu kommen, und verneigte sich tief vor seinem Herrn. – Du hast mich rufen lassen, mein Fürst?
Einen Sarkophag für meinen toten Vater sollst du ausschmücken, einen prunkvollen Sarkophag, der auf vier kauernden Löwen ruht, die ihn bewachen, bereit, jeden zu schrecken, der in böser Absicht naht. Einen Sarkophag mit dem Bilde des zu den Göttern Gegangenen, der beim Totenmahl zu Tische sitzt, eine verwelkende Lotosblüte in der Hand hält und huldvoll seine Untergebenen empfängt, die ihm Opfergaben darbringen, und andere, die schmerzerfüllt seinen Tod beklagen. Natürlich darf auch eine Inschrift nicht fehlen, mit unseren Buchstaben, versteht sich: Die Ruhe des Toten möge sie schützen helfen und soll jeden verfluchen, der da etwa kommt, um Hand an die Stätte seiner ewigen Ruhe zu legen!
Ein herbeigerufener Schreiber erschien. Nach dem Diktat des Fürsten notierte er mit Feder und Tinte auf einer Tonscherbe den gewünschten Text der Sarkophaginschrift als Gedächtnisstütze für den Steinmetzen.

Grabmaske aus Phönikien, Goldblech (Höhe 16,6 cm, 5./4. Jh. v. Chr.). – Masken aus Ton, selten aus Edelmetall, wurden in Gräbern und Heiligtümern gefunden. In Gräbern sollten sie Übel abwehren; in Heiligtümern dienten sie als Weihgeschenke an die Götter und wurden auch bei Kultzeremonien getragen.

Nun geh, Steinmetz, und handle geschwind nach meinem Auftrag, damit der Sarkophag an dem Tage, an dem wir meinen Vater zu Grabe tragen, fertig ist!
Der Steinmetz verbeugte sich. Wohlgelaunt ging er nach Hause und machte sich sogleich ans Werk. Er suchte den besten Kalksteinblock aus, den es zu finden gab. Ochsengespanne zogen den Koloß über hölzerne Rollen bis in den Hof des Meisters, wo schon andere Steine lagerten, die zu Stelen oder Statuen verarbeitet werden sollten. Doch damit hatte es jetzt keine Eile, der Erfüllung des fürstlichen Auftrags gebührte natürlich Vorrang!
Noch einmal die Werkzeuge geschärft, und los ging es! In der Hitze des Tages, nur mit einem Schurz bekleidet, schwang der Mann kraftvoll Hammer und Meißel und begann, dem Stein Form zu geben und ihn auszuhöhlen. Einige Tage dauerte diese mühsame Arbeit. Nun waren die sinnreichen Bilder anzureißen, die im erhabenen Relief erscheinen sollten,

Ausschnitt von einer Längsseite des Kalksteinsarkophags für den Fürsten Ahirom von Byblos. Der Reliefschmuck zeigt ihn auf einem Sphingenthron beim Totenmahl an einem reich mit Speisen gedeckten Tisch. Ein Diener auf der anderen Seite des Tisches verscheucht mit einem Wedel die Fliegen. Auf den anderen Seiten des Sarkophags sind Klagefrauen dargestellt, auf der Deckplatte Ahirom und sein Sohn Ittobaal, der den Sarkophag stiftete. Die Inschrift am Rand der Deckplatte gilt als der älteste längere phönikische Text, der bisher bekannt ist. Sarkophag und Inschrift stammen aus der Zeit um 1000 v. Chr.

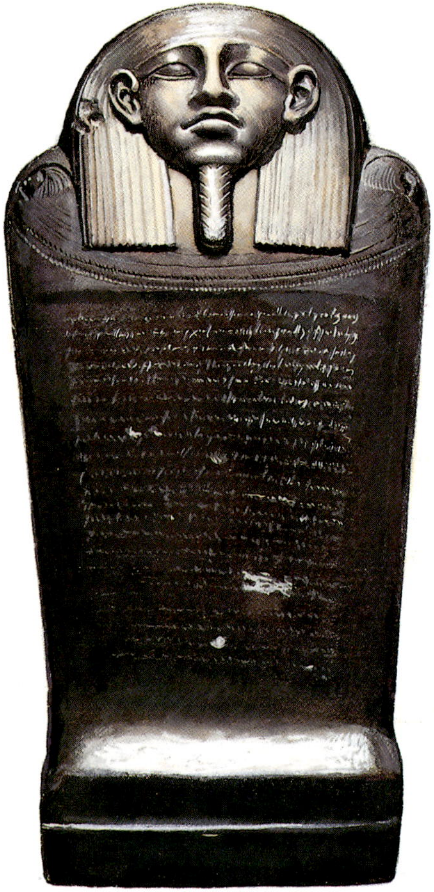

Der menschengestaltige, aus Ägypten stammende Basaltsarkophag des Königs Eschmunazar II. von Sidon. In der phönikischen Grabinschrift heißt es u. a.: »Niemand soll diese Ruhestätte öffnen und darin irgend etwas suchen, denn man legte nichts hinein! ... Auch wenn die Menschen dich bereden: Höre nicht auf ihr Wort!« Länge des Sarkophags 2,35 m, um 500 v. Chr.

und der schwere Deckel anzupassen, der den Sarkophag verschloß und auf dem der Fürst zusammen mit seinem verstorbenen Vater abgebildet sein wollte.

Der Steinmetz hatte sich über diesen neuen, großzügigen Auftrag gefreut. Es war für jeden Handwerksmeister ehrenvoll, wenn er dem Fürsten zu Diensten sein konnte. Das brachte Ansehen in der Stadt und Auskommen für lange Zeit. Aber noch lag ein großer Teil Arbeit vor ihm. Ganz wie es sich der Herrscher von Byblos wünschte, sollte der Sarkophag werden. Dann würde der Fürst ihn als den Meister aller Steinmetzen loben. Schließlich war die Konkurrenz groß, und das Wort des Fürsten besaß Gewicht.

Nur ab und zu gönnte sich der Steinmetz eine kleine Pause, um hernach mit verdoppelter Kraft wieder an die Arbeit zu gehen. Stück für Stück, Tag für Tag wuchsen Bilder und Inschrift unter seinen geschickten Händen.

Ein paar Wochen später kamen Abgesandte des Palastes in den Hof des Steinmetzen und begutachteten das Kunstwerk. Ehrfurchtsvoll betrachteten sie das Bild des zwischen geflügelten Sphingen thronenden Verstorbenen. Am Rand des Sarkophagdeckels stand zu lesen: »Sarkophag, den Ittobaal, Sohn des Ahirom, König von Byblos, für seinen Vater Ahirom anfertigte, als er ihn für die Ewigkeit niederlegte ...« Jedermann wußte, daß nicht der König, sondern der Steinmetz den herrlichen Sarg mit seiner Hände Arbeit geschaffen hatte. Ehre, wem Ehre gebührt. Aber niemand wagte, gegen die Worte auf dem Deckel Einspruch zu erheben – schon gar nicht der Steinmetz. Mächtig war der Fürst und hatte seine Ohren überall ...

So wurden die Namen des Herrschers über Byblos und seines Vaters in dem Stein verewigt. Wer der meisterliche Handwerker war, wird man dagegen wohl nie erfahren.

Am Tag der Bestattungsfeierlichkeiten bewegte sich der Zug der Trauernden zur königlichen Nekropole, der Totenstadt, wo die Fürsten von Byblos nach altem Brauch ihre letzte Ruhe fanden. Reich geschmückte Ochsengespanne zogen den auf einem Wagen ruhenden Sarkophag. An der Spitze des Zuges schritt Ittobaal, der Fürst von Byblos, gefolgt von der fürstlichen Familie und den Bediensteten, den Priestern und ehrwürdigen Herren der Stadt. Viele Menschen schlossen sich an. Klagefrauen erhoben ein steinerweichendes Geschrei und zerrissen sich die Kleider.

In der Totenstadt angelangt, wurde der steinerne Prunksarg an der königlichen Gruft abgestellt. Die Gäste der Bestattungszeremonie versammelten sich vor dem Sarkophag zu einem üppigen Totenmahl. Viele Lämmer wurden geschlachtet und über dem Feuer gebraten. Die besten Stükken Fleisch legte man vor das Bildnis des Verstorbenen hin, der so an den Feierlichkeiten zu seinen eigenen Ehren teilnehmen durfte.

Nach dem Mahl wurde der Sarkophag in den in einen Felsen getriebenen Grabschacht gesenkt und in der seitlich eingehöhlten Grabkammer für immer abgestellt. Der Leichnam war in purpurne Gewänder gehüllt. Seine Waffen und seinen Schmuck, aber auch zahlreiche Gefäße aus Ton, Glas, Alabaster und anderem Stein gab man dem Toten mit ins Grab. Sie enthielten erlesene Speisen und Getränke, die ihm als Nahrung für das Leben im Jenseits, der Welt der Toten, dienen sollten. Glaubte man doch an ein Weiterleben nach dem Tode, für das man wie im Leben gerüstet sein mußte. Wohlversorgt, sollten die Verstorbenen einen günstigen Einfluß auf die irdischen Geschicke nehmen.

Dann wurde das Grab verschlossen, vielfach gegen Grabräuber gesichert. Zum Abschluß der Bestattungsfeierlichkeiten

Oberseite der Urne des Baalschillek aus Karthago (4./3. Jh. v. Chr.). Der bärtige Mann mit breitem Kopfputz und einem langen, weiten Gewand hält in der linken Hand ein Gefäß, die rechte hat er grüßend oder anbetend erhoben.

Eines der aus riesigen Felsblöcken zusammengesetzten, fast 10 m hohen Grabdenkmäler von Marathos aus dem 5. Jh. v. Chr. Sie erheben sich über unterirdischen, in den Fels eingetieften Grabkammern.

gab man dem Toten Wünsche auf seinen Weg, die so gelautet haben mögen: Ruhe in Frieden, Vater des Fürsten! Deine Kinder und Kindeskinder werden dir auch in Zukunft Speise- und Trankopfer darbringen, damit dein gesättigter Totengeist sich ruhig verhält und die Lebenden nicht belästigt. Deine Seele möge ihren Platz unter den Göttern einnehmen und wohlmeinend auf uns herabschauen!

Der Reichtum der Königsgräber in der Nekropole hatte sich schnell herumgesprochen und schon bald Grabräuber angelockt. Sie drangen in die Grabanlagen ein und stahlen alles, was sie forttragen konnten. Nicht einmal vor den sterblichen Überresten der Könige machten die Grabräuber halt, bewegten die schweren Deckel der Sarkophage zur Seite, um an den Inhalt zu gelangen. Wenn sie dabei ertappt wurden, drohten ihnen harte Strafen, aber das schreckte sie kaum ab.

Alle Sicherungen, Beschwörungen und Flüche haben auch das Grab des Ahirom nicht schützen können. Selbst die am Grabschacht angebrachte Warnung »Damit du's weißt: Hab acht! Hier unten lauert dein Verderben!« hat die Grabschänder nicht von ihrem räuberischen Vorhaben abgehalten. Kurz nachdem der Tote bestattet worden war, räumten sie das Grab aus. Nur den schweren steinernen Sarg bekamen sie nicht von der Stelle.

Baale und Aschtarten

Ganz Phönikien war auf den Beinen, alt und jung, arm und reich, um die Vielzahl der Gottheiten zu ehren. Landauf, landab machten sich die Menschen, festlich gekleidet, auf den Weg zu den Tempeln in den Städten, zu den Heiligtümern im Gebirge, zu den heiligen Gewässern, Hainen und Steinen.

Weihgaben aus Bronze, manche gar mit Gold oder Silber überzogen, aus Ton und Elfenbein trugen sie bei sich, vor allem kleine menschengestaltige Götterfiguren, um sie den Göttern an den heiligen Stätten zu schenken und sich damit ihrer Gunst zu versichern. Manche trugen Lämmer auf den Armen oder zogen Jungtiere hinter sich her. Vor den Bildnissen der Gottheiten oder den kegelförmig aufragenden heiligen Steinen, die man Baitylien, »Häuser Gottes«, nannte, sollten sie geopfert werden.

Hell loderten die Opferfeuer, feierlich war dic Stimmung ringsum. Streng achteten die Priester auf die Einhaltung des Kultes in den Tempeln und anderen Heiligtümern. An bestimmten Plätzen durften die Leute ihre Weihgaben für die Götter ablegen. Vor den Kultbildern oder heiligen Steinen standen Altäre, auf denen die Speiseopfer dargebracht wurden. In die bereitstehenden Gefäße goß man Trankspenden: frisches Wasser, Bier oder Wein.

In tiefer Gläubigkeit meinten die Phöniker: Essen und trinken sollen die Götter wie wir, damit sie satt und zufrieden sind und wohlwollend auf uns schauen. Laßt uns ihnen deshalb ausgiebig opfern und sie um ihren Schutz und Segen bitten für alles, was uns hier in Stadt und Land heilig und teuer ist!

Die Gottheiten, unter deren Schutz sich die Phöniker stell-

Bronzestatuette einer phönikischen Göttin, wohl der Aschtart. Sie trägt einen Kopfputz nach ägyptischem Vorbild. Höhe der Statuette 17,5 cm, 12.–9. Jh. v. Chr.

Das Quellheiligtum von Marathos, einer Gründung der Phöniker von der Inselstadt Arados auf dem gegenüberliegenden Festland. Dieses große, aus dem Felsen herausgeschlagene Bassin ist von mächtigen Steinpfeilern umgeben. Im Zentrum des Beckens steht das Allerheiligste. Das Heiligtum entstand Ende des 5. Jh. v. Chr.

ten, waren im ganzen Lande bekannt. Die Baale – die »Herren« – geboten über die Städte, den Himmel, die Berge und das Meer. Die Aschtarten, weibliche Gottheiten, verkörperten vor allem den Fruchtbarkeitsgedanken und wurden um Beistand im Krieg angefleht. Daneben gab es zahlreiche Götter, die nicht die Bezeichnung Baal trugen: Eschmun, der Heilgott, Adonis, der Vegetationsgott, Reschef, der Gott des Feuers, der Seuchen und der Unterwelt, Kuschor,

der Handwerkergott ... Aber jede Stadt räumte bestimmten Gottheiten den Vorrang vor anderen ein. Drei Gottheiten standen jeweils an der Spitze: ein Baal als Stadtbeschützer, eine Aschtart als dessen Gefährtin und eine dritte, männliche Gottheit. Sie wurden ganz besonders verehrt und gepriesen.
O großer Melkart, du Baal von Tyros, Herr über unsere Stadt, breite deine mächtigen Arme über unsere Mauern und Schiffe aus und gib ihnen deinen Schutz! Wir haben dafür gesorgt, daß dein Haus in noch größerem Glanz erstrahlt. Nun erhöre unser Flehen und sei uns gewogen! – So oder ähnlich klangen die Gebete in dem prächtig ausgestatteten Tempel des Stadtgottes von Tyros. Stolz erhoben sich zwei Säulen vor dem Tempeleingang, die eine golden, die andere von leuchtendem Smaragd.
Viele Bürger von Tyros zogen zum Tempel der Aschtart. Vor ihrem reichverzierten steinernen Thron verherrlichten sie die Göttin. Schließlich vergaß man auch Baal Schamem nicht, den »Herrn des Himmels«, dessen Tempel eine goldene Säule schmückte. Und noch vieler anderer Götter wurde in Tyros gedacht ...
In Sidon strömte man vor allem zu den Kultstätten der Aschtart. Die Sidonier verehrten sie mehr noch als Baal, den Herrn der Stadt. In den ihr geweihten Tempeln beteten sie ehrfurchtsvoll Kultbilder der Göttin und heilige Steine an. Jedermann war darauf bedacht, ihr zu Diensten zu sein, damit sein Name ihr in guter Erinnerung blieb. Der Stadtfürst und die Fürstin waren zugleich die obersten Priester der Aschtart. Sie sorgten dafür, daß die Göttin all das erhielt, was sie zu erfreuen und günstig zu stimmen vermochte. Erhoffte doch jeder ihren Beistand in guten und in bösen Tagen, von der Geburt bis zum Tod.

Basaltstele mit Darstellung des Gottes Melkart, gefunden bei Aleppo. Auf dem Unterteil der Stele befindet sich eine aramäische Inschrift, die als Stifter den König von Damaskus, Bar-Hadad, oder einen gleichnamigen Untergebenen nennt. Höhe der Stele 1,15 m, 9. Jh. v. Chr.

Oberteil einer Kalksteinstele des Königs Jehaumilk von Byblos (5. Jh. v. Chr.). Vor der thronenden »Herrin von Byblos« steht der König in anbetender Haltung mit einem Opfergeschenk in der Hand. Darüber breitet eine geflügelte Sonnenscheibe, als Zeichen höchsten göttlichen Schutzes, ihre Schwingen aus. In der phönikischen Inschrift unterhalb der Kultszene berichtet der König, daß er der Baalat Gebal eine kostbare Tempeleinrichtung gestiftet habe, und er erbittet sich ein langes Leben und viele Jahre seiner Herrschaft über Byblos.

Eschmun war die dritte bedeutende Gottheit Sidons. Er trug den Beinamen »heiliger Fürst«. Die Sidonier huldigten ihm in seinem Tempel an der Quelle Jidlal, ganz in der Nähe von Sidon, sowie an den Ufern des Flusses, der seinen Namen trug. Man glaubte, daß er die Erde erblühen lasse und all ihre Wunden heile.

Weiter im Norden, in Byblos, der uralten Stadt, pilgerten die Bewohner in das überaus reich ausgestattete Heiligtum der Baalat Gebal, der »Herrin von Byblos«. Auch sie war dem Wesen nach sicher eine Aschtart. Schon von weitem sah man die beiden Säulen der Vorhalle des Tempels, über denen sich im Querbalken eine geflügelte Sonnenscheibe spannte. Der Tempel der göttlichen Herrscherin über Byblos war reich mit Gold verziert. Auf dem Altar spendete man der Baalat Gebal Speise und Trank.

In hohem Ansehen stand die Göttin, und groß war die Macht, die man ihr zuschrieb. Selbst ägyptische Pharaonen weihten ihr Bildnisse und ließen sie in ihrem Tempel aufstellen. Die Fürsten von Byblos erflehten ihren Schutz für die Stadt und die Zedernwälder und wünschten sich lange Jahre der Herrschaft. Die Wünsche der einfachen Leute waren sicher bescheidener: Sie gaben sich schon zufrieden, wenn die Göttin Haus, Familie und Arbeit behütete.

Große Achtung in Byblos genoß – wie in Tyros – auch Baal Schamem. Er gebot über Donner und Blitz und thronte über den Zedernwäldern im Hinterland der Stadt. In seinem Tempel wurden dem Himmelsgott ebenfalls reichlich Opfer dargebracht.

Besonders beliebt war in Byblos der Götterjüngling Adonis. Er wurde als Vegetationsgott verehrt, dessen Sterben und Rückkehr ins Leben den ewigen Kreislauf der Natur, von Werden und Vergehen, nachvollzog.

Wie die Städte Phönikiens, so hatten auch die Seefahrer, die Handwerker und anderen Berufsstände ihre Götter, deren Wohlwollen man zu erringen suchte. Überall im Lande gedachte man des Baal Saphon und der übrigen Gottheiten, die über die Schiffahrt wachten. Als Gebieter über Wind, Wetter und Sturm waren sie die Schutzgötter der Seeleute. Ihre Gnade galt es zu finden. Konnten sie doch, je nach Laune, die Wogen des Meeres glätten oder sturmgepeitschte, turmhohe Wellen gegen die Schiffe schleudern, so daß die Taue und Ankerleinen zerrissen, Ruder und Masten brachen und schließlich Schiff und Mannschaft in den Meeresfluten versanken. Besser, man stellte sich mit ihnen gut, indem man ihnen in Hülle und Fülle Opfer brachte.
Zahlreiche Kultplätze im Gebirge, heilige Bäume oder Haine, auch in den Fels gehauene Altäre waren dem Baal vom Libanon geweiht. Hoch über den Bergen thronte er, von drohenden Wolken und feurigen Blitzen eingehüllt, und wachte über die Zedernwälder, das kostbarste Gut der Phöniker. Selbst aus weitab gelegenen Siedlungen kamen die Menschen zu den Kultstätten und opferten ihm, damit er alle Gewächse des Waldes gedeihen ließ und mehrte. Mit Keule und Blitz sollte er jeden zerschmettern, der es wagte, sich an den stattlichen Bäumen des Libanon-Gebirges zu vergehen!

Ein Tempel um einen heiligen Stein (Baitylos) auf einer römischen Bronzemünze aus Byblos mit einer griechischen Inschrift: »[Münze oder Tempel] des heiligen Byblos«. Möglicherweise handelt es sich um eine Darstellung des Tempels der Baalat Gebal. Durchmesser der Münze 3 cm, um 218 n. Chr.

Kultwagen der Göttin Aschtart von Sidon mit einem heiligen Stein in der Mitte. Abbildung nach einer römischen Bronzemünze (219/220 n. Chr.)

Ein Schiff mit geblähten Segeln auf dem Meer, dargestellt auf der Schmalseite eines Sarkophags aus Sidon (1./2. Jh. n. Chr.)

Auf dem Weg zu fernen Küsten

Immer mehr Rohstoffe brauchten die unermüdlich tätigen Gewerke in Phönikien. Schon allein, welche Mengen an Gold und Silber, an Bronze und Eisen von Gießern, Schmieden oder Graveuren verarbeitet wurden! Also mußten weitere Märkte gefunden werden, wo man die Produkte des heimatlichen Handwerks gegen die mangelnden Rohstoffe und andere begehrte Waren eintauschen konnte. Sicher ließ sich ein Teil davon wiederum mit Gewinn an Interessenten aus allen Himmelsrichtungen weiterverkaufen.

Ja, am einträglichen Handel mit Waren aus aller Welt wollten die Phöniker unbedingt festhalten. Und war es nicht am sichersten, wenn man den Transport der Waren, sei es bei der Einfuhr oder bei der Ausfuhr, in die eigenen Hände nahm? Bot sich als Transportweg das Meer nicht geradezu an, das einladend vor den Toren der phönikischen Städte lag und darauf wartete, bezwungen zu werden? Versprach es nicht auch Zugang zu weit entfernten, fremden Gebieten, um sie – auf der Suche nach Rohstoffen und Märkten – für den gewinnbringenden Handel zu erschließen?

Wer sich das Meer botmäßig machen konnte, war beim Warentransport nicht auf die Landwege angewiesen. Wurden doch diese von denen kontrolliert, deren Gebiete die Handelsrouten durchquerten. Da mußten die Transporte bezahlt werden, auch Wegezölle wurden abgefordert, und nicht zu knapp, so daß sich am Ende das Geschäft kaum lohnte. Und manch eine Karawane verschwand ganz und gar ...

Die Phöniker wären nicht die Phöniker gewesen, hätten sie die günstige Gelegenheit, die ihnen das Meer bot, nicht beim Schopfe gepackt. Praktisch, berechnend und ge-

schäftstüchtig, wie sie waren, konnte die Aufgabe nur heißen: hochseetüchtige Schiffe bauen und auf zu den fernen Ufern des Meeres!
Langwierige Vorbereitungen waren zu treffen, alles wollte wohlüberlegt sein. Die Hafenanlagen von Tyros und Sidon wurden erweitert, um mehr und größere Schiffe aufnehmen zu können. Mächtige steinerne Molen schützten bald die Häfen vor den kraftschäumenden Wellen des Mittelmeeres, wenn es stürmte. Hinter den Wellenbrechern konnten die Schiffe ungefährdet zum Aus- und Einladen festmachen und ihre Liegeplätze beziehen.

Hippoi, Frachter und Galeeren

Auch beim Bau der Schiffe erwiesen sich die phönikischen Handwerker als Meister ihres Faches. Die Kunde von der Zuverlässigkeit und Zweckdienlichkeit ihrer Wasserfahrzeuge war weit durch die Lande gedrungen. Die phönikischen Schiffbauer erhielten Aufträge über Aufträge, selbst von Fürsten und Königen der Nachbarländer. Man kam kaum mit ihrer Erledigung hinterher.
Auf den Werften herrschte Hochbetrieb. Unentwegt sangen die Sägen, mit denen die Teile für Kiel, Schiffsrumpf und Spanten, für die Decks und Aufbauten aus den geeignetsten Stämmen zugeschnitten wurden. Hauptbaumaterial war Zypressenholz aus dem Libanon; nur für wenige wichtige Teile wie den Mast wurde das besonders stabile Zedernholz verwendet. Für das Deck nahm man Fichtenholz aus Zypern und für die Ruder das Holz der starken Eichen von Baschan.
Was gab es beim Bau der Schiffe nicht alles zu tun! Da waren an den Enden des Kieles Vor- und Achtersteven zu befestigen, die an Bug und Heck hoch aus dem Wasser ragen soll-

Schiffstypen der Phöniker. Von oben nach unten: Handelsschiff, Boot (Hippos), Kriegsschiff, Transporter

Ein Hippos mit Mast und Mastkorb, ein weiteres Boot und Meerestiere in der Umgebung einer ummauerten Inselstadt. Nach einem Relief aus dem Palast des assyrischen Königs Tiglatpilesar III. (745–727 v. Chr.) in Nimrud

ten. Da galt es, die Plankengänge aneinanderzufügen und die Spanten einzuziehen, so daß sie ein Gerippe bildeten und die Form des Schiffes hielten. Kräftige Nägel und Krampen wurden eingeschlagen, die die einzelnen Teile verbanden. Bei den Kriegsschiffen war der Bug zu verstärken und der Rumpf an den empfindlichsten Stellen mit Bleiplatten zu verkleiden, damit sie den Angriffen der Feinde besser widerstanden. Auch rüstete man sie mit einem Rammsporn aus hartem Holz aus, der – verkleidet mit einem ehernen Mantel – jeden Gegner das Fürchten lehren sollte.

Schließlich war der Rumpf zu teeren, denn kein Wasser durfte zwischen den Planken hindurchdringen. Zu guter Letzt brachten die Holzschnitzer ihre Verzierungen an. Elfenbeinplättchen wurden hier und da in das Holz eingelegt. Manche Vor- und Achtersteven schmückten Häupter von Tieren, so als zögen sie die Schiffe durch das Meer.

Sobald ein Schiff fertiggebaut war, ließ man es zu Wasser, um es in die Flotte von Tyros, Sidon oder Arados einzureihen. Die Segel aus feinem ägyptischen Leinen, die einige von ihnen hatten, blähten sich dann zum ersten Male.

Verschiedene Typen von Wasserfahrzeugen wurden auf den phönikischen Werften gezimmert. Sie waren in Form und Größe, in Ausstattung und Art der Fortbewegung dem jeweiligen Verwendungszweck angepaßt.

Da gab es zum Beispiel Ruderboote, die den Transport entlang der Küsten bewerkstelligten und die Verbindung zwischen dem Festland und den vorgelagerten Inseln aufrechterhielten. Sie versorgten deren Bewohner mit Lebensmitteln und anderen Dingen des täglichen Bedarfs, schleppten Holz oder setzten Personen über. Auch zum Fischen und für die Flußschiffahrt wurden sie genutzt. Ihr Vorsteven war mit einem Tierkopf verziert, oft mit dem eines Pferdes. Sie er-

weckten den Anschein, als würden sie über das Wasser reiten. Kein Wunder, daß sich dafür der griechische Name Hippoi, „Pferdeschiffe", einprägte.
Andere Schiffe waren vor allem für den Passagiertransport, zur Aufnahme von Soldaten oder als Frachter bestimmt. Sie wurden von zweireihig im Unterdeck sitzenden oder stehenden Ruderern vorwärts getrieben. Auf dem Oberdeck hielten sich die Passagiere und bewaffnete Soldaten auf, die während der Fahrt den Schutz der Frauen und Kinder an Bord übernahmen. Der weiträumige, gerundete Schiffskörper machte sie auch besonders geeignet zum Warentransport. Den Bauch voller Handelsgüter, gingen diese Frachter auf große Fahrt, um in oft weit entfernten Häfen ihre Ladung zu löschen. Der Wind blähte die Segel, die sie über das Meer trugen. Ließ der Wind nach, mußten die Ruder bedient werden.
Und erst die stolzen, zum Kampfe gerüsteten Galeeren! In den phönikischen Häfen lagen sie vor Anker oder begleiteten die kaum wehrhaften Passagier- und Handelsschiffe, bereit, es mit jedem Angreifer aufzunehmen. Hoch gebaut war die Brüstung, und weit aus dem Wasser reichte das Heck, halbmondförmig oder zum Tierhaupt ausgezogen, ein solches Kriegsschiff von hinten wirksam schützend. Wie zu einer Kette aufgereiht, hingen die Schilde der Seesoldaten über die Reling.
In zwei oder drei Reihen angeordnete Ruderer, von Segeln unterstützt, verliehen diesen sogenannten Biremen und Triremen schnelle Fahrt. Gefährlich drohend durchschnitt der Rammsporn am vorderen Kielende das Wasser. Hier und da blitzte seine metallene Verkleidung in einem Wellental auf und ließ schaudernd erahnen, was passierte, wenn er sich in den feindlichen Schiffskörper bohrte ...

Ein Kriegsschiff mit Besatzung, abgebildet auf der Rückseite einer Silbermünze aus Byblos (Mitte des 4. Jh. v. Chr.). Die Schiffsdarstellung zeigt den mit einem Tierkopf geschmückten Bug, das hochgezogene Heck, den Rammsporn und die beiden Steuerruder. Die Krieger tragen Helme und sind mit Schilden bewaffnet. Unterhalb des Schiffes ist ein Fabelwesen zu sehen.

Phönikische »Pilgerflasche« aus Ton, gefunden in Tyros. Höhe 14,5 cm, 12. Jh. v. Chr.

Bronzestatuette eines Gottes aus Gades. Das Gesicht ist mit Goldblech verkleidet. Höhe 13 cm, 8./7. Jh. v. Chr. (siehe S. 49)

Hinaus aufs Meer

Wie kaum ein anderes Volk des Altertums beherrschten die Phöniker die Kunst der Seefahrt. Weithin gerühmt waren ihre Kapitäne und Steuerleute, die wagemutig dem Meer die Stirn boten, im Vertrauen auf ihre Erfahrung und auf den Beistand der Götter. Gern wurden die Dienste der phönikischen Seeleute auch von fremden Herren in Anspruch genommen. Von einigen der kühnen Unternehmungen der Phöniker berichtet das Alte Testament in seinen Geschichtsbüchern.

Israels König Salomo brauchte Gold, sehr viel Gold, und manch anderes Metall, nebst kostbaren Steinen und edlen Hölzern, um die Ausstattung des Jahwe-Tempels und der Gebäude seines Palastes zu vervollkommnen. Abermals wandte er sich deshalb an seinen alten Bekannten Hiram, den Fürsten von Tyros, und bat ihn um Unterstützung. Über den jeweiligen Anteil am Geschäft wurden sie sich einig.

Und Hiram half dem Herrscher des Nachbarlandes erneut. Gemeinsam rüsteten sie Flotten aus, die unter Führung geübter phönikischer Seefahrer aufbrachen, um die dringend benötigten Rohstoffe heranzuschaffen. Ihre Routen führten sie vom Hafen Ezjon-Geber am Golf von Akaba über das Rote Meer nach Süden, nach dem Goldland Ophir, das vielleicht in Südarabien, Ostafrika oder gar Indien lag. Andere Expeditionen nahmen den Weg von den Mittelmeerhäfen Richtung Westen nach Tarschisch, dessen reiche Metallvorkommen lockten. Jene Stadt wird hinter den Säulen des Herakles, im Süden Spaniens, vermutet.

Die Schiffe waren gut ausgestattet und gerüstet für die lange, nicht ungefährliche Reise. Reich beladen mit Handelsgütern aller Art aus Phönikien und Israel stachen sie in See. Es sollte sich lohnen!

Nach drei Jahren erst kehrten die Schiffe aus Tarschisch zurück. Gold und Silber, Eisen, Zinn und Blei, ja auch Elfenbein sowie seltene Tiere, Affen und Pfauen, hatten sie dort oder unterwegs, in nordafrikanischen Häfen, in Hülle und Fülle an Bord genommen. Tief lagen die Schiffe im Wasser. Auch von Ophir kehrten die Frachter erfolgreich heim, berstend voll beladen mit Gold, Sandelholz und Edelsteinen. Nicht lange, nachdem die Schiffe in den heimatlichen Häfen festgemacht hatten, machten sie sich erneut auf den weiten Weg ...

Wie aber gelang es den Phönikern, mit ihren Schiffen, deren größte kaum länger als 50 Meter waren, kaum 250 Tonnen Tragfähigkeit erreichten, so große Entfernungen zurückzulegen? Wie war es möglich, daß ihre Galeeren im Auftrag des ägyptischen Pharao Necho um 600 v. Chr. in mehr als zwei Jahren sogar den Erdteil Afrika umfuhren, vom Roten Meer beginnend? Das jedenfalls berichtet der griechische Geschichtsschreiber Herodot.

Dazu gehörten nicht nur seemännisches Können und Wagemut. Es galt auch, klug mit den Kräften hauszuhalten und die Versorgung der Schiffsbesatzungen zu organisieren. Deshalb ankerten die Seeleute während der Afrika-Umschiffung jedesmal, wenn die Saatzeit herankam, längere Zeit an der Küste. Sie zogen die Schiffe an Land, legten Felder an und säten dort Getreide. War die Ernte eingebracht, setzten sie, wieder wohlversorgt mit Nahrung, ihre Fahrt fort.

Überhaupt waren es die phönikischen Seefahrer seit alters gewohnt, bei Tageslicht in Sichtweite der Küsten zu rudern oder zu segeln und bei eintretender Dunkelheit ihre Reise zu unterbrechen. Sie gingen an Land, übernachteten dort und fuhren am nächsten Morgen weiter. Dreißig oder vierzig Kilometer legten die Schiffe an einem Tag zurück, mal mehr,

Terrakottamodell eines Heiligtums mit dem Kultbild einer »Frau im Fenster« (der Göttin Aschtart) aus Idalion. Höhe 21 cm, 6. Jh. v. Chr.

mal weniger, je nachdem, wie der Wind stand und von wie vielen Ruderern sie vorangetrieben wurden.

Später, als sich die Phöniker auch auf die hohe See wagten, um zu fernen Gestaden auf der anderen Seite des Meeres zu gelangen, konnten sie sich nicht mehr am Verlauf der Küste orientieren. Dann diente ihnen tagsüber die Sonne und nachts vor allem der Polarstern als Wegweiser. Auch wenn sie oftmals ihr Ziel auf direktem Wege über das offene Meer schneller erreichen konnten, bevorzugten sie doch die Küstenschiffahrt. Die Sicherheit ihrer Transporte war ihnen wichtiger als die Geschwindigkeit.

Land in Sicht!
An Bord der Schiffe einer kleinen Handelsflotte, die unterwegs zu fernen Häfen war, ging alles seinen gewohnten Gang. Erfahrene Kapitäne und Steuerleute navigierten die Schiffe, kräftige Rudermatrosen legten sich in die Riemen. Eintönig klangen die Paukenschläge, die ihnen den Takt angaben. Ausruhen konnten die Ruderer erst, wenn Wind aufkam und die Segel, die sonst aufgezogen waren, herabgelassen wurden. Zeigte sich das Meer wieder ruhig, rief sie der Bootsmann an die Ruder zurück, und die gnadenlosen Paukenschläge mahnten aufs neue zum Gleichmaß.
Phönikische Kaufleute waren die einzigen Passagiere an Bord. Während der langen Fahrt vertrieben sie sich die Zeit beim Würfeln oder mit einem Brettspiel. Hin und wieder hielten sie nach ihren wertvollen Handelsgütern Ausschau, ob alles noch an seinem Platze war. Sorgen machten sie sich auch um so manches Faß, in dem Leichtverderbliches lagerte.
Die zur Wache eingeteilten Soldaten standen an Bug und Heck der Galeeren, die die Handelsschiffe begleiteten. Der Dienst war meist angenehm und ungestört, denn nur selten drohte von anderen Schiffen Gefahr.
Ernsthafte Konkurrenten, die ihnen den Handel über See streitig zu machen suchten, hatten die Phöniker, zumindest in den ersten beiden Jahrhunderten des letzten Jahrtausends v. Chr., kaum zu fürchten. Die phönikische Flotte beherrschte das Meer, seit die Seemacht Mykenes verblaßt war. Aber hier und da machten Piraten die Gewässer unsicher. Und wenn man an fremde Küsten kam, war es auch nicht schlecht, ein paar phönikische Soldaten neben sich zu wissen, die mit Speer, Schild und Schwert bewaffnet waren. Das gab Sicherheit. Schließlich hatte man hochwertige

Eine Löwin überfällt im Papyrusdickicht einen Negerknaben. Phönikische Elfenbeinarbeit aus Nimrud, mit Einlagen aus Gold, Lapislazuli und Karneol. Höhe 6 cm, um 715 v. Chr.

Bemalte Tonstatuette einer Figur mit Tiermaske, aus Amathus (Zypern). Höhe 13,2 cm, 6. Jh. v. Chr.

Waren an Bord, und die Handelsflotte sollte wohlbehalten in die heimatlichen Häfen zurückkehren.
Manchmal sollen sich auch phönikische Schiffsbesatzungen nicht gerade anständig benommen haben. Vor allem die Griechen verdächtigten sie bisweilen der Piraterie. So heißt es in der »Odyssee«, dem griechischen Heldenepos, die Phöniker seien zwar berühmt in der Seefahrt, aber auch große Spitzbuben und »Erzschinder«. Beispielsweise sollen sie Knaben und Mädchen in fremden Ländern listig geraubt haben, um sie in die Sklaverei zu verkaufen.
Doch zurück zu den phönikischen Schiffen auf hoher See. Sobald sich die Umrisse einer unbekannten Küste abzeichneten und endlich der langersehnte Ruf »Land in Sicht!« ertönte, machten sich die Besatzungen zum Anlanden fertig. In einer Bucht, einigermaßen windgeschützt, warfen dann die schwerbeladenen Handelsschiffe mit größerem Tiefgang die Anker aus. Die leichteren Galeeren konnten fast bis ans Ufer fahren und wurden dort auf den Strand gezogen.
Besonders die Kaufleute waren froh, wieder festen Boden unter den Füßen zu spüren. Flugs brachten sie ihre Waren an Land und legten sie Stück für Stück, sorgfältig sortiert, aus. Und kaum waren die neugierigen Anwohner herbeigeeilt, begann das Tauschgeschäft: Gold, Silber und Edelsteine gegen Schmuck, Geschirr, praktische Gewänder und anderes mehr. Am Ende waren beide Seiten zufrieden.
Brachen die Phöniker wieder auf, der nächsten Station ihrer Reise entgegen, ließen sie ein paar ihrer Leute an Land zurück. Sie sollten Grund und Boden in Besitz nehmen, sich darauf niederlassen und alles Notwendige für die Ankunft der nächsten Schiffe aus Phönikien vorbereiten. Es galt, Quartiere für die Händler herzurichten und für Proviant zu sorgen. Auch waren Interessenten zu finden, die all das, was

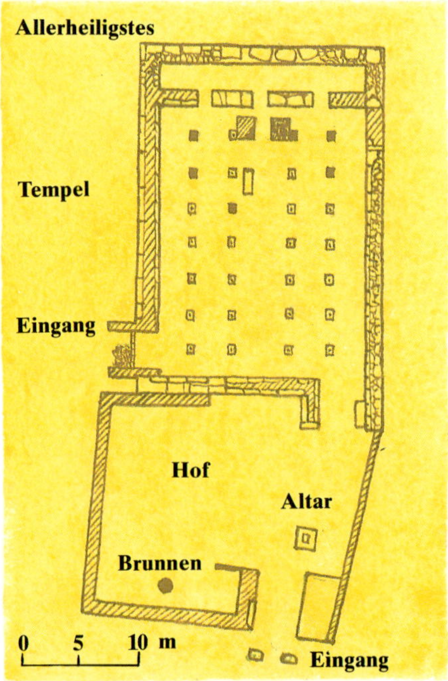

Grundriß des großen phönikischen Tempels der Göttin Aschtart von Kition (9. Jh. v. Chr.). Die Säulen im Tempel waren bestimmt aus Zedernholz vom Libanon. Im Tempelbezirk fand man zahlreiche Opfergaben. Der Aschtart-Tempel war nach einigen Umbauten bis gegen Ende des 4. Jh. v. Chr. in Gebrauch.

Frühphönikisches Spielbrett (20-Felder-Spiel) aus Elfenbein mit Spielsteinen aus Fritte, einem glasartigen Material. Die linke Seite enthielt eine verriegelbare Schublade für die Spielsteine. Auf der Unterseite befand sich ein 30-Felder-Spiel. Gefunden in Kamid el-Loz, Länge 19,5 cm, 14. Jh. v. Chr. (siehe S. 55)

die Phöniker gern mit nach Hause nehmen wollten, gegen die aus Phönikien mitgebrachten Waren eintauschen würden. Und so fanden die phönikischen Seefahrer, wenn sie das nächste Mal an diese Stelle kamen, bereits ein kleines Stück Heimat vor. Manche Phöniker, vor allem auch Handwerker, siedelten sich für immer in jenen Stützpunkten an. So entwickelten sich dort, wo die phönikischen Schiffe immer wieder anlegten, mit der Zeit oftmals ständige, große Niederlassungen. Solche von den Phönikern auf fremdem Boden gegründeten Pflanzstädte bezeichnen wir heute auch als Kolonien. Sie standen anfangs in enger Verbindung zu ihren phönikischen Mutterstädten und waren von diesen mehr oder weniger abhängig.

Zuerst gelangten Seeleute und Händler aus Phönikien sicher an die Küste der nahe gelegenen Insel Zypern. Dort gründeten sie zahlreiche Stützpunkte, allen voran Kition, wo sich offenbar Tyrer niederließen. Kition wurde zur wichtigsten Stadt der Phöniker auf Zypern. Für die großen Götter, so den Melkart und die Aschtart, baute man dort Tempel nach heimatlichem Muster, in denen ebenso reichliche Opfergaben dargebracht wurden wie in den Heiligtümern Phönikiens.

Kition war fest an das Mutterland gebunden. Regelmäßig hatte es seine Tribute an das einflußreiche Tyros zu entrichten. Doch schon zu Zeiten Hirams – jenes Fürsten von Tyros, von dem schon mehrmals die Rede war – wagten die Leute von Kition den Aufruhr und verweigerten die Abgaben. Hiram, so berichtet der jüdische Geschichtsschreiber Flavius Josephus, entsandte eine Strafexpedition, um den Aufstand niederzuschlagen und dafür zu sorgen, daß die Tribute an Kupfermetall und Holz zum Bau der Schiffe Tyros regelmäßig erreichten.

Rohrbeck

Rohrbeck

Ausschnitt von einer Kalksteinstele, aus einem Heiligtum in Hadrumetum an der Nordküste Afrikas, mit Darstellung des Baal Hammon (?). Der bärtige Gott sitzt auf einem Sphingenthron, hält in der Linken eine Lanze und hat die Rechte segnend erhoben. Vor ihm steht ein Anbeter. Höhe der Stele 17 cm, 5.–3. Jh. v. Chr.

Auch auf vielen anderen Inseln des Mittelmeeres richteten die Phöniker ihre Stützpunkte ein, so auf Rhodos, Thera und Kreta, auf Malta, Sizilien und Sardinien. Oftmals dienten sie ihnen als Zwischenstationen auf dem Weg zu noch weiter entfernten Ufern des Meeres.

Auf der langen Fahrt zu den Säulen des Herakles ankerten ihre Schiffe auch an den Küsten von Ägypten und Libyen, bis sie schließlich zur Pyrenäenhalbinsel gelangten. Dort, so meinen antike Schriftsteller, hätten die Phöniker die Inselstadt Gades gegründet, die schon hinter den Säulen des Herakles – an der südspanischen Atlantikküste – lag. Vermutlich wollten sie sich damit die Kontrolle über das erzreiche Tarschisch sichern, nach dessen Metallen später auch die Schiffsverbände Hirams und Salomos ausliefen. Neben Gades gilt auch Utika an der Nordküste Afrikas als eine der frühen phönikischen Gründungen.

So vermittelten die Phöniker durch ihre Seereisen zwischen dem östlichen und dem westlichen Mittelmeer. Dabei nahmen sie ihre Erfahrungen und Vorstellungen von Wirtschaft, Kultur und Politik mit sich nach Westen. Die Völker am Rand des Mittelmeeres kamen auf diese Weise nicht nur in engen Kontakt mit dem Handwerk der Leute aus Phönikien, sondern auch mit ihrer Sprache und Schrift, mit ihrer Religion und ihrem Kult und lernten ihre gesellschaftliche Organisation in Stadtstaaten kennen.

Kalksteinstele aus Karthago mit einer punischen Inschrift und Darstellung eines Elefanten. – In den Armeen Karthagos waren Kampfelefanten eine gefürchtete Waffe. Höhe der Stele 44 cm, 2. Jh. v. Chr. *(siehe S. 59)*

Karthago wird geboren

»Das große Karthago führte drei Kriege ...« So beginnt ein mahnendes Gedicht von Bertolt Brecht. Es erinnert an die einst mächtige Stadt an der Küste Nordafrikas, die nach jahrzehntelangem Kampf ihrem erbitterten Gegner Rom unterlag und zerstört wurde. Das geschah jedoch erst im Jahre 146 v. Chr. Wie aber begann die Geschichte Karthagos?

Eine Sage, die der römische Geschichtsschreiber Justin aufgezeichnet hat, erzählt von der Gründung der Stadt. Danach waren es Tyrer, die auf einer Halbinsel im Nordosten der heutigen Stadt Tunis auf ihrem Weg zu den Säulen des Herakles an Land gingen und einen Handelsposten einrichteten. Und das kam so:

Die schöne Elissa, Schwester des Fürsten Pygmalion von Tyros, hatte ihren reichen Onkel Acharbas geheiratet. Dieser war Priester im Heiligtum des Melkart, des Stadtgottes von Tyros. Pygmalion aber ließ den Priester seiner versteckten Schätze wegen töten. Elissa brach daraufhin mit ihrem Bruder und floh mit all ihren Schätzen, Dienern und einigen Getreuen ihres ermordeten Mannes, um eine neue Heimat zu suchen. Über Zypern gelangten ihre Schiffe in eine Bucht an der nordafrikanischen Küste. Von den Einheimischen wurden die Ankömmlinge freundlich aufgenommen, kamen sie doch nicht mit leeren Händen, sondern hatten interessante Waren anzubieten ...

Die Tyrer erwarben mit List ein Stück Land und ließen sich dort nieder. In der Hoffnung auf ein einträgliches Geschäft schafften die in der Umgebung Wohnenden allerlei Waren heran und traten mit den Fremden in ständigen Handelskontakt. Selbst Abgesandte aus der westlich benachbarten phönikischen Pflanzstadt Utika kamen, um ihre Landsleute mit

Stadtplan von Karthago. Die älteste Ansiedlung dürfte im Gebiet der Häfen und des Tophets bis zum Byrsa-Hügel hin gelegen haben. Die ganze Stadt war von einer starken Schutzmauer umgeben.

Geschenken zu begrüßen. Sie rieten den Neuankömmlingen, dort, wo der Marktflecken entstanden war, eine Stadt zu gründen. Auch die Einheimischen hätten die Tyrer zum Bleiben bewegt, und so sei, der Sage nach, mit allgemeinem Einverständnis Karthago geboren worden.

Die Phöniker nannten ihre Gründung auf einem Landvorsprung, zwischen einer Bucht und einer Lagune günstig gelegen, einfach Kart Hadascht – »Neustadt«. Aus der phönikischen Bezeichnung machten die Griechen Karchedon und die Römer später Karthago. Unter diesem Namen ging die Stadt in die Geschichte ein.

Über die Anfangszeit Karthagos ist nur sehr wenig bekannt. Berichte aus den ersten beiden Jahrhunderten fehlen. Auch die Archäologen konnten nur wenig dazu beitragen, das Dunkel aufzuhellen. Die Römer haben Karthago so gründlich zerstört, daß lediglich ein paar verstreute Mauerreste von Gebäuden, die Hafenanlagen, Nekropolen und ein Heiligtum erhalten blieben. Und trotzdem haben wir eine Vorstellung davon, wie die Stadt angelegt wurde.

Mittelpunkt Karthagos war der Burghügel, Byrsa genannt. Auf der Burg stand der Tempel des phönikischen Heilgottes Eschmun. Zwischen der Zitadelle und den Häfen müssen die Wohnviertel, der Königspalast und die Tempel gelegen haben. In der Nähe befanden sich auch die ältesten Nekropolen. Erst später, wohl im 5. Jahrhundert v. Chr., nahm die Stadt die ganze Halbinsel ein.

Zwei künstliche Hafenanlagen entstanden, der rechteckige Handelshafen und der kreisrunde Kriegshafen. Festungswerke schützten die Häfen. Dem griechischen Historiker Appian verdanken wir eine Beschreibung der Anlagen: »Die Häfen standen untereinander in Verbindung; die Einfahrt vom Meer her war siebzig Fuß breit und konnte mit eisernen

Ketten versperrt werden. Der eine dieser Häfen diente den Handelsleuten und war voll von Ankertauen aller Art [zum Anlegen der Schiffe]. In der Mitte des zweiten Hafens dagegen war eine Insel, welche, wie der Hafen selbst, mit starken Kais eingefaßt war. An diesen Uferanlagen sah man überall Werften, für 220 Schiffe eingerichtet, und darüber hinaus eine Menge Lagerräume zur Ausrüstung von Triremen. Vor jedem Dock standen zwei ionische Säulen, so daß sie Hafen und Insel als eine fortlaufende Säulenhalle erscheinen ließen. Auf der Insel selbst war ein Zelt für den Flottenbefehlshaber erbaut, von wo aus der Trompeter seine Signale geben, der Herold die Anordnungen kundtun und der Admiral die Aufsicht führen mußte.«

Karthago wuchs recht schnell zum größten Hafen- und Handelsplatz im westlichen Mittelmeerraum heran. Voraussetzungen dafür waren wirtschaftliche und militärische Stärke. Weingärten, Ölbaumhaine, Obst- und Gemüseplantagen sowie Weideland befanden sich in der unmittelbaren Umgebung Karthagos. Aus dem Hinterland kamen Tributlieferungen an Getreide. Das Handwerk blühte. An erster Stelle stand die Metallverarbeitung. Die Streitkräfte wollten mit Waffen versorgt sein, aber auch Gegenstände für den täglichen Bedarf und Edelmetallschmuck wurden hergestellt. Große Bedeutung besaßen die Weberei und Purpurfärberei, die man aus Phönikien mitgebracht hatte. Im übrigen pflegte man dieselben Gewerke wie im Mutterland, von der Töpferei und Glasherstellung bis zum Schiffbau.

Auch in Karthago war die handwerkliche Produktion eng mit den Erfordernissen des Handels verknüpft. Im Austausch gegen purpurgefärbte Stoffe, Schmuck und Glaswaren, Waffen und Geräte aus Metall oder Töpferwaren kamen Silber und Zinn von der Pyrenäenhalbinsel oder sogar aus

So mögen die Hafenanlagen von Karthago ausgesehen haben. Noch heute sind im Stadtbild die Plätze des Handels- und des Kriegshafens zu erkennen. Ihre einstige Bedeutung läßt sich allerdings nur erahnen.

Bronzenes Schermesser mit Darstellung des Gottes Melkart im Löwenfell, aus Karthago (Höhe 17,5 cm, 9. Jh. v. Chr.). Solche Schermesser hatten als Grabbeigaben die symbolische Aufgabe, Verunreinigungen vom Toten und von denen, die ihn bestatteten, zu beseitigen.

Britannien, Gold aus Innerafrika und andere wichtige Rohstoffe sowie Sklaven nach Karthago.

Diese weitgespannten Handelskontakte über das Mittelmeer begründeten den wirtschaftlichen und politischen Aufstieg Karthagos ab dem 7. Jahrhundert v. Chr. Die Stadt erlangte die Kontrolle über die anderen phönikischen Niederlassungen in Nordafrika, Südspanien und auf den Inseln des westlichen Mittelmeeres. Schließlich gründeten die Karthager selbst Kolonien. Wie berichtet wird, war deren erste Gründung eine Siedlung auf Ibiza, einer der Baleareninseln. Nach und nach trat Karthago das Erbe von Tyros als Hauptvertreter phönikischer Interessen an.

Selbst auf dem Höhepunkt seiner Macht und seines Einflusses blieb Karthago im Grunde genommen als Stadtstaat organisiert. Vor allem die Interessen der reichen Handelsherren bestimmten seine Politik. Die militärischen Unternehmungen Karthagos dienten dieser Politik: Die Handelsstützpunkte mußten geschützt, die Verbindungswege offengehalten und die Seeräuberei bekämpft werden. Dazu bedurfte es vor allem einer starken Flotte.

Nach Karthago kamen Menschen vieler Völkerschaften. Sie ließen sich in der stürmisch aufstrebenden Stadt nieder, so auch Berber und Griechen. Es dauerte nicht lange, da zeigte die Pflanzstadt der Phöniker Spuren all jener Völker, mit denen sich die phönikischen Karthager verbanden. So entstand eine neue, der phönikischen zwar in vielem ähnliche, doch eigenständige Kultur. Sie wird heute als punisch bezeichnet, nach dem lateinischen Wort Poeni, das die Römer für die phönikischen Karthager gebrauchten.

Am Anfang bestanden noch recht enge Bindungen zwischen Karthago und Tyros. Jedes Jahr fertigten die Karthager eine Gesandtschaft nach Tyros ab, um den Stadtgott Mel-

kart in seinem Tempel mit Geschenken zu überhäufen, die sogar einmal ein Zehntel der Einkünfte Karthagos kosteten. Sicher handelte es sich dabei um eine Art von Tribut, den Karthago der Mutterstadt Tyros entrichtete.

Das »Tophet« von Karthago – die Kultstätte für die Göttin Tinnit und den Gott Baal Hammon – in seinem heutigen Zustand. Die den Gottheiten geweihten Stelen tragen symbolische Bilder und Zeichen.

Oberteil einer Kalksteinstele aus dem »Tophet« von Karthago. Die Ritzzeichnung zeigt einen Priester, der ein zum Opfer bestimmtes Kind im Arm hält. Gesamthöhe der Stele 1,18m, 4. Jh. v. Chr.

Mit der wachsenden wirtschaftlichen und politischen Selbständigkeit Karthagos lockerten sich die Bindungen an Tyros. Der Umfang der Opfergaben wurde verringert. Trotzdem erinnerten sich die Karthager auch später stets des Stadtgottes von Tyros und kamen, wenn sie in Not waren, zu seinem Tempel, um ihn mit vielen Opfern günstig zu stimmen.

Besonders aber beteten die Karthager die Göttin Tinnit, welche die Züge der Aschtart trug, und Baal Hammon, den Herrn des Weihrauchaltars, an. Sie wurden ihre höchsten Götter. Jedermann war angehalten, den mächtigen Gottheiten Opfergaben darzubringen oder ihnen Stelen zu errichten. Und wenn es not tat, die Lenker der Geschicke zu besänftigen, mußte man selbst zu den größten Opfern bereit sein – zu Menschenopfern. Archäologen fanden die große Kultstätte Karthagos, wo der Tinnit und dem Baal Hammon Kinder geweiht wurden, unmittelbar neben dem Handelshafen. Darin standen neben den Gottheiten geweihten Stelen zahlreiche Urnen mit den sterblichen Überresten von Kindern, manchmal auch von Vögeln und anderen kleinen Tieren als Ersatz für die Menschenopfer.

Viel gäbe es noch über Karthago und seine Kolonien, über Geschichte und Kultur der Punier zu sagen. Über sie wissen wir weit mehr als über die Phöniker des Mutterlandes, zumal viele antike Autoren über Karthago und seine Unternehmungen berichteten und Archäologen in den Ländern am westlichen Mittelmeer zahlreiche Zeugnisse der punischen Kultur fanden. Darüber aber müßte ein eigenes Buch geschrieben werden.

Die Anfänge des Alphabets

Wenn die Kinder der Phöniker zur Schule gingen, lernten sie zunächst die Buchstaben ihres Alphabets. Das ist durchaus nicht selbstverständlich, denn die phönikischen Buchstaben gab es noch gar nicht so lange.

Die fremden Völker, mit denen die Bewohner des syrisch-palästinensischen Küstenstreifens seit undenklichen Zeiten zusammentrafen, hatten auch ihre Schriften mit ins Land gebracht. Die bildreichen Hieroglyphen der Ägypter oder die aus Hunderten Keilen zusammengesetzten Schriften der Babylonier, Assyrer oder Hethiter waren jedoch schwierig zu erlernen und umständlich im Gebrauch. Lange dauerte die Ausbildung eines Schreibers.

Deshalb gab es Versuche, die Schriften zu vereinfachen. So wurden die Texte der berühmten Stadt Ugarit, die im Norden Phönikiens lag, bereits mit Hilfe eines Alphabets aufgezeichnet. Es bestand aus nur dreißig, weniger komplizierten Keilschriftzeichen. Das war schon ein wesentlicher Fortschritt. Für diejenigen, die in Ugarit schreiben lernten, hatte man sogar die Zeichen in ihrer richtigen Reihenfolge auf einer Tafel angeordnet, wie auf einer Schulbuchseite.

»Abc-Täfelchen«, Tontafel aus Ugarit mit den 30 Schriftzeichen des ugaritischen Alphabets (14. Jh. v. Chr., Tafelgröße 5,1 cm × 1,3 cm). Geschrieben wurde von links nach rechts.

Vorderseite einer Silbermünze aus Byblos mit phönikischer Inschrift: »Adarmelech, König von Byblos« (Mitte des 4. Jh. v. Chr.). Das Münzbild zeigt einen Löwen, der einen Stier (?) anfällt. – In Phönikien begann man etwa um Mitte des 5. Jh. v. Chr. Münzen als Zahlungsmittel zu prägen. Sie waren zunächst aus Silber; später kamen Bronze- und Goldmünzen hinzu.

Aber auch in Byblos und anderen Orten Syriens und Palästinas bemühte man sich, das Schreiben zu erleichtern. Die Versuche wurden in Phönikien intensiv weiter betrieben – und mit Erfolg: Ende des 2. Jahrtausends v. Chr. entstand das phönikische Alphabet – eine Buchstabenschrift, gebildet aus zweiundzwanzig, einfach zu schreibenden Zeichen. Gewissenhaft und unbeirrt haben die Phöniker sie zum Aufzeichnen ihrer Sprache benutzt. Und ihren Nachbarn in Syrien und Palästina, die wie sie semitische Sprachen sprachen, gaben sie ein Beispiel: Diese übernahmen die Buchstabenschrift der Phöniker, um damit auch ihre Sprachen festzuhalten ...

Die phönikischen Buchstaben wurden von rechts nach links geschrieben. Man konnte sie in eine mit Wachs überzogene Tafel eindrücken, die immer wieder zu verwenden war, wenn man das Wachs glättete. Ebensogut ließen sie sich mit Feder und Tinte auf Papyrus, ja sogar auf Keramikscherben schreiben, in Metall ritzen oder in den ewigwährenden Stein schlagen.

Die Namen der zweiundzwanzig Buchstaben des phönikischen Alphabets, die allesamt Konsonanten bezeichneten, waren leicht zu merken. Der erste hieß Alef (Rind), dann folgten Bet (Haus), Gimel (Kamel) und Dalet (Türflügel). Auch die anderen Buchstaben hatten eine bestimmte Bedeutung, trugen Namen von Tieren, Körperteilen und anderen wichtigen Dingen. So gab es das Mem (Wasser), Nun (Fisch), Jod (Hand), Ajin (Auge), Pe (Mund), Resch (Kopf) oder Schin (Zahn).

Da die Phöniker nur die Konsonanten aufschrieben, also die Vokale beim Schreiben wegließen, ist es heute oftmals sehr schwierig zu sagen, wie dieses oder jenes Wort damals wirklich ausgesprochen wurde. Das Wort für »Sohn« schrieben sie zum Beispiel mit den Buchstaben Bet und Nun, die die Laute b und n wiedergaben. Das wäre etwa so, als würden wir heutzutage das Wort »Vater« nur mit den Buchstaben V, T und R schreiben.

Sogar zum Rechnen ließen sich die phönikischen Buchstaben verwenden! Das Alef, der erste Buchstabe des Alphabets, hatte auch den Zahlenwert 1, Bet, der zweite Buchstabe, den Wert 2, Gimel, der dritte, konnte auch die Zahl 3 bezeichnen und Dalet, der vierte, die Zahl 4. Oft mußte man aber mit größeren Zahlen rechnen, beispielsweise beim Zählen der vielen Handelsgüter. Dazu dienten die hinteren Buchstaben des phönikischen Alphabets, etwa das Pe für 80 oder das Schin für 300.

Mit den Waren der Phöniker gelangte ebenso ihre Sprache und Schrift an nahezu alle Küsten des Mittelmeeres. Phönikische Inschriften wurden auf den Inseln Zypern, Rhodos, Kreta, Malta und Sardinien, in Nordafrika und auf dem griechischen Festland gefunden.

Die Griechen dürften vor knapp 3000 Jahren während ihres regen Handelsverkehrs mit den Phönikern auch mit deren Alphabet Bekanntschaft gemacht haben. Wie wichtig war es, Sprache und Schrift der Leute aus Tyros, Sidon, Byblos oder Arados zu kennen – vor allem, wenn man mit ihnen Geschäfte abwickelte. Wer Phönikisch verstand, den vermochten die pfiffigen Händler von der Ostküste des Meeres nicht mehr so leicht hinters Licht zu führen.

Immer besser gelang es den Griechen, sich mit ihren phönikischen Handelspartnern in deren Sprache zu verständigen. Sie prägten sich auch die fremden Buchstaben ein. Nun konnte man sogar miteinander korrespondieren, zum Beispiel Bestellungen aufgeben oder entgegennehmen. Lange Wege wurden so gespart.

Kadmos lehrt die Thebaner das phönikische Alphabet (Darstellung auf der Rückseite einer griechischen Bronzemünze aus Theben). – Einer griechischen Sage nach war Kadmos, der Sohn des phönikischen Königs Agenor, ausgezogen, um seine vom Göttervater Zeus in Gestalt eines weißen Stieres entführte Schwester Europe zu suchen. Dabei gelangte er nach Böotien, einer Landschaft im mittleren Griechenland. Dort soll er auf Geheiß des Gottes Apollon die Stadt Theben gegründet und die Thebaner im Gebrauch der phönikischen Buchstaben unterwiesen haben.

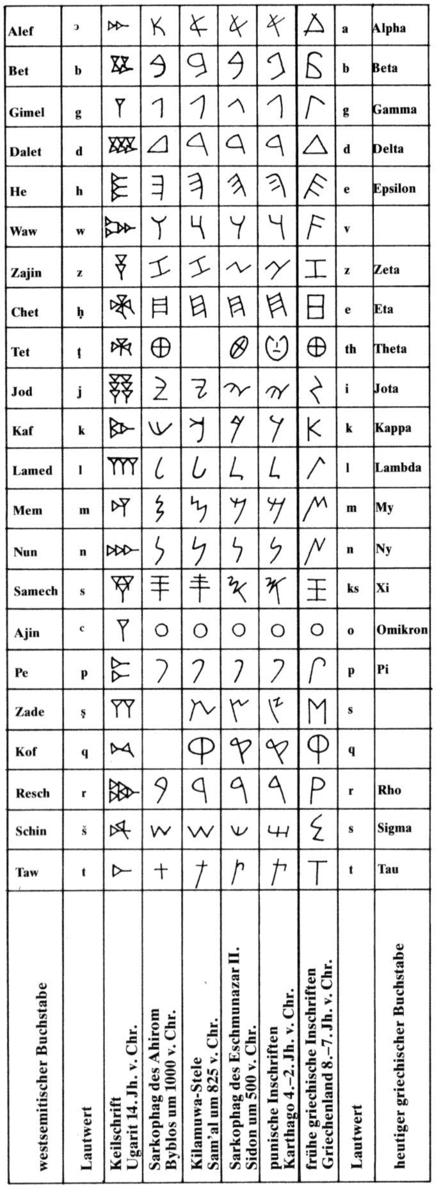

Schon bald hatten die Griechen gemerkt, daß sich auch ihre eigene Sprache recht gut mit den Buchstaben der Phöniker schreiben ließ, wenn man ein paar Änderungen vornahm. Für die Vokale verwendeten die Griechen jene phönikischen Zeichen, die in der griechischen Sprache unbekannte Laute bezeichneten. Einige neue Buchstaben waren jedoch hinzuzufügen. Jedenfalls dauerte es nicht lange, da kannte man die Buchstaben der Phöniker überall, wo Griechen wohnten, auf dem Festland und auf den vielen Inseln.

Fest steht, aus der phönikischen Schrift, die ja nur die Konsonanten aufzeichnete, entwickelte sich die vollständigere Buchstabenschrift der Griechen. Bei ihnen nahmen jedoch die phönikischen Buchstaben nach und nach ein etwas anderes Aussehen an. Auch die Schriftrichtung änderte sich: sie verlief jetzt von links nach rechts. Den Zahlenwert der Buchstaben nutzten die Griechen ebenfalls für ihre Rechenaufgaben.

In den griechischen Buchstabennamen klingen noch die semitischen Bezeichnungen an. Aus Alef und Bet wurden Alpha und Beta, aus Gimel Gamma und aus Dalet Delta. Wie ihre phönikischen Vorgänger stehen sie am Anfang der Buchstabenfolge. Von den ersten beiden Buchstaben ist das Wort Alphabet abgeleitet, mit dem die in einer bestimmten Reihenfolge angeordneten Buchstaben einer Schrift bezeichnet werden.

Aus dem griechischen Alphabet gingen wiederum andere Buchstabenschriften hervor, unter ihnen die lateinische, die die mächtigen Römer gebrauchten. Aus ihr bildete sich schließlich unsere heutige Schrift heraus. So lassen sich letzten Endes die Wurzeln unserer Schrift bis zu den Phönikern zurückverfolgen.

Tyros, die Widerspenstige

Schon lange schauten die benachbarten Mächte mit unverhohlener Gier auf die Zedernwälder des Libanon und die blühenden Stadtstaaten der Phöniker. Bisher aber war keiner der Nachbarstaaten stark genug gewesen, um ernsthaft nach dem Küstenstreifen, auf dem die heimatlichen Städte der Phöniker lagen, seine Hände auszustrecken. Doch das sollte sich ändern.

Ab dem 9. Jahrhundert v. Chr. zogen die Herrscher des wiedererstarkten Assyrien, dann die Babyloniens und schließlich die Perser an die Küste des Mittelmeeres, bemächtigten sich der phönikischen Städte und erlegten ihnen drückenden Tribut auf. Bisweilen trotzten die Phöniker hinter den turmbewehrten Mauern ihrer Städte dem übermächtigen Feind. Manchmal schien es ihnen klüger, lieber den geforderten Tribut zu entrichten, als Leib und Leben, Hab und Gut im Kampf aufs Spiel zu setzen. Zudem waren sich die phönikischen Städte nicht immer einig im Widerstand gegen die Eroberer. Zur Gefahr von außen kam hier und da der Bruderzwist ...

Die mächtigen assyrischen Herrscher ließen die Tribute der phönikischen Städte zuhauf in ihre Heimat schleppen. Mit kostbaren Metallen und Steinen, feinsten Gewändern, edlem Holz und Elfenbein erkauften sich die Phöniker eine großzügige Behandlung durch die Bedränger. Zeigten sie sich unterwürfig, wurden ihnen viele ihrer Freiheiten belassen. Die Phöniker hatten schließlich Handelsbeziehungen in alle Welt und große Erfahrungen in der Seefahrt, die es zu nutzen galt.

So gediehen Handwerk und Handel der Phöniker selbst noch unter dem Regiment der fremden Herren. Aber

Kalksteinthron aus Tyros mit Widmung für die Göttin Aschtart. Ihr Heiligtum befand sich vielleicht nicht auf der Insel, sondern im festländischen Teil der Stadt. Höhe des Thrones 47 cm, 2. Jh. v. Chr.

Teil eines 15 cm hohen Bronzestreifens von einer Toranlage in Balawat bei Nimrud: Tribut der Stadt Tyros an den assyrischen König Salmanassar III. im Jahre 859 v. Chr. Tyros ist dargestellt als eine Inselfestung, von der aus die Tribute mit Booten zum Festland gebracht werden. – In einer Inschrift des Assyrerkönigs heißt es: »Den Tribut der Stadt der Tyrer, der Stadt der Sidonier – Silber, Blei, Bronze, Purpurstoff – empfing ich.«

konnte das darüber hinwegtäuschen, daß sie ausländischen Mächten zu Abgaben verpflichtet waren, die ihren mühsam erworbenen Reichtum erheblich schmälerten?

Doch diejenigen Phönikerstädte, die sich widersetzten, bekamen die gnadenlose Härte der fremden Eroberer um so mehr zu spüren. So machte der assyrische König Asarhaddon Sidon dem Erdboden gleich, tötete den Fürsten der Stadt, als dieser zu fliehen versuchte. Er raubte all dessen Kostbarkeiten sowie das Vieh und ließ die Familie samt den Untertanen des sidonischen Herrschers nach Assyrien verschleppen.

Den assyrischen Eroberern folgte Nebukadnezar, der König von Babylon. Das Zentrum des Widerstandes gegen die neuen Eindringlinge war Tyros. Dreizehn Jahre lang stemmte sich die Inselfestung erfolgreich gegen die Belagerer. Die Verteidiger sahen von den Mauern, wie sich die Soldaten Nebukadnezars plagten, einen Damm vom Festland zu errichten, um die Stadt im Sturm zu nehmen. Die Köpfe der Soldaten seien in dieser Zeit kahl geworden und ihre Schultern vom Tragen der Körbe voll Schanzerde ganz zerschunden gewesen, so wird im Alten Testament berichtet. Doch die Tyrer gaben nicht auf. Schließlich mußte sich Ne-

Die 3,18 m hohe, basaltene Siegesstele des Asarhaddon (errichtet um 670 v. Chr.) wurde gefunden in Sam'al. Sie zeigt den überlebensgroß dargestellten Assyrerkönig vor dem Baal von Tyros und dem Sohn des Pharao Tarhaka von Ägypten.

bukadnezar auf eine Abmachung mit ihnen einlassen, ohne die Stadt genommen zu haben.
Noch einmal glaubten die Phönikerstädte aufatmen zu können, als sich die Perser den Vorderen Orient untertan machten und sich nach Westen, gegen Ägypten und die Griechenstädte, die aufstrebende Konkurrenz im Mittelmeerhandel, wandten. Da war ihnen die Unterstützung der kriegstüchtigen phönikischen Flotte sicher ... Dann aber, im Jahre 480 v. Chr., hatten die Griechen die vereinte persisch-phönikische Seestreitmacht vor Salamis vernichtend geschlagen. Und der Steuerdruck, den die Perser auf die phönikischen Städte ausübten, wurde immer unerträglicher. Wieder rangen die Phöniker um ihre Unabhängigkeit ...
Als das Heer des makedonischen Königs Alexander die Perser bei Issos besiegt hatte, zog der Feldherr, um den Orient zu erobern, sogleich nach Phönikien. Die phönikischen Städte begrüßten den Makedonier als Befreier von persischer Unterdrückung. Die Tyrer aber, ansonsten bereit, sich den Befehlen Alexanders zu fügen, verschlossen sich seinem Wunsch, im Heiligtum ihres Stadtgottes Melkart ein Opfer darzubringen. Niemals wollten sie zulassen, daß ein fremder Herrscher als Zeichen der Eroberung im Tempel ihres obersten Gottes opfert. Welch ein Frevel wäre das! Auf immer würde Melkart ihnen seinen Schutz versagen!
Alexander ging ob dieser Unbotmäßigkeit wutentbrannt daran, Tyros zu belagern. Seine Leute stöhnten, als sie die schweren Felsbrocken und Körbe voll Erde schleppen mußten, um einen Damm von der Küste gen Insel-Tyros aufzuschütten. Die Stadt, die es wagte, sich Alexander zu verweigern, sollte ihres wirkungsvollsten Schutzes, der Insellage, beraubt werden. War erst einmal der Damm errichtet, konnten die Kampftürme, Wurfmaschinen und Rammböcke der

Belagerer bis vor die Mauern der Inselstadt gebracht werden ...
Doch die Tyrer wehrten sich hartnäckig gegen die Schanzarbeiten. Da zog Alexander aus den anderen Phönikerstädten, die sich ihm kampflos ergeben hatten, und aus Zypern eine starke Kriegsflotte zusammen, um der Feste von See aus zu Leibe zu rücken ... Als der Feind begann, die Mauern von Tyros sturmreif zu schießen, war es bald um die stolze Phönikerstadt geschehen.
Groß waren die Verluste, die Stadt und Einwohner hinnehmen mußten. Alexander aber konnte endlich triumphieren: Im Tempel des Melkart brachte er das Opfer dar, das ihm einst verwehrt wurde. – So war die letzte phönikische Stadt im Herbst des Jahres 332 v. Chr. unter die Herrschaft Alexanders des Großen gefallen.
Fortan konnten die einst so selbstbewußten Phönikerstädte kaum mehr eine eigenständige Politik betreiben. Sie wurden wegen ihrer strategisch wichtigen Lage und wirtschaftlichen Bedeutung zu begehrtem und deshalb häufig umstrittenem Besitz jener Herrscher, die die Nachfolge Alexanders des Großen in Vorderasien und Ägypten angetreten hatten.
Tyros, Sidon, Byblos, Arados und andere Städte der Phöniker blieben noch lange Zentren des Handwerks und Handels. Doch wandelte sich ihr Leben, ihre Kultur zunehmend unter den Einflüssen der Griechen und später der Römer. Die Fundamente der eindrucksvollen griechischen und römischen Bauwerke ruhen jedoch tief in phönikischer Erde.

Punischer Glasanhänger (von einer Halskette) in Gestalt einer Maske, aus Karthago. Höhe 6 cm, etwa 4. Jh. v. Chr.

Worterklärungen

Achtersteven: hinterster Schiffsbalken, der das Heck beschließt

Altes Testament: Sammlung israelitisch-jüdischer heiliger Schriften, die als erster Teil in die christliche Bibel aufgenommen wurden

Amphora (griech.): zweihenkliges Transport- und Vorratsgefäß für Getreide, Wein und Öl

Amulett: Gegenstand, der Unheil abwehren und Glück bringen soll

Aschtart: kanaanäische Göttin der Liebe, Fruchtbarkeit und des Krieges

Baal: »Herr«, Bezeichnung zahlreicher örtlicher Gottheiten in Syrien und Phönikien

Baalat: »Herrin«, weibliche Entsprechung zu Baal

Baitylos (Plural Baitylien): »Haus Gottes«, heiliger Stein, Sitz einer Gottheit, häufig in syrischen und phönikischen Kultstätten anzutreffen

Berber: Bevölkerungsgruppe Nordafrikas, den Ägyptern und Griechen als Libyer bekannt. Um 200 v. Chr. gründeten die Berber erste Staaten – Numidien und (westlich benachbart) Mauretanien.

Bireme: Kriegsschiff mit zwei übereinanderliegenden Ruderreihen

Bug: vorderer Teil des Schiffes

Elle: altes Längenmaß, von Land zu Land verschieden, etwa 50 cm

Galeere: Ruderkriegsschiff (siehe auch Bireme und Trireme)

Gebal: phönikischer Name von Byblos

Heck: hinterer Teil des Schiffes

Hellenismus: Bezeichnung für die geschichtliche Epoche von den Eroberungszügen Alexanders des Großen bis zur Einnahme Ägyptens durch die Römer (30 v. Chr.). Zu den wichtigsten hellenistischen Herrscherfamilien zählen die Ptolemäer in Ägypten und die Seleukiden in Vorderasien.

Hethiter: indoeuropäische Bevölkerung Kleinasiens im 2. Jahrtausend v. Chr.; bildeten ein Großreich mit der Hauptstadt Hattuscha, das gegen Ende des 13. Jh. v. Chr. unterging

Hieroglyphen (griech.): »heilige Schriftzeichen«, die Zeichen der altägyptischen Schrift

Hippos (Plural Hippoi): Schiffstyp mit Vorsteven in Tierform, oft als Pferdekopf, daher der Name (griech. »Pferd«)

Jahwe: der Gott Israels

Kapitell: Kopfstück einer Säule oder eines Pfeilers

Kiel: Grundbalken des Schiffes, Vor- und Achtersteven verbindend

Lagune: durch einen Küstenwall von der offenen See abgetrennter Meeresteil

Mesopotamien (griech.): Land zwischen den Strömen Euphrat und Tigris

Nekropole (griech.): »Totenstadt«; eine große Begräbnisstätte

Orient (lat.): das Land der aufgehenden Sonne oder Morgenland, vom Standpunkt Europas aus den gesamten Nahen Osten ohne klare Abgrenzung umfassend, manchmal sogar darüber hinaus die Gebiete von Nordafrika bis nach China oder Japan

Papyrus: Nutzpflanze sowie Bezeichnung des aus dem Mark ihres Stengels vor allem in Ägypten hergestellten Beschreibstoffes

Perser: indoeuropäisches Volk, das aus dem Gebiet des Urmia-Sees (Nordwest-Iran) in die Landschaft Fars (Persis) im Südwesten Irans einwanderte und unter dem Herrschergeschlecht der Achämeniden (6.–4. Jh. v. Chr.) ein Großreich von Ägypten und Libyen bis zum Indus bildete

Pharao: Bezeichnung für den ägyptischen König

Planke: dickes Brett oder Bohle

Reling: Schiffsgeländer oder Brüstung

Sarkophag (griech.): »Fleischfresser«; kisten- oder wannenförmiger Sarg aus Stein, Ton, Holz oder Metall, oft prunkvoll ausgeschmückt

Säulen des Herakles: die beiden Vorgebirge auf der afrikanischen bzw. europäischen Seite der Straße von Gibraltar, angeblich von dem griechischen Halbgott Herakles errichtet

semitische Sprachen: Sprachzweig, zu dem u. a. die ausgestorbenen Sprachen Akkadisch, Ugaritisch, Phönikisch, Aramäisch und Althebräisch sowie die modernen Sprachen Arabisch und Neuhebräisch gehören

Spanten: Balken, die das »Gerippe« des Schiffes bilden und ihm die Form geben

Sphinx (Plural Sphingen): Mischwesen aus Löwenleib und Menschenkopf, auch mit Flügeln

Trireme: Kriegsschiff mit drei übereinanderliegenden Ruderreihen

Vorsteven: vorderster Schiffsbalken, von der Kielspitze aufsteigend

Bewaffneter Reiter – Tonstatuette aus Byblos (Höhe 33,5 cm, 8.–6. Jh. v. Chr.)

Chronik Phönikiens

Etwa 2100 bis 1600 v. Chr.
(Mittlere Bronzezeit)

Entstehung erster kanaanäischer Stadtstaaten am Libanon. Das Gebiet des späteren Phönikien ist Durchgangsland für den Handelsverkehr und für Truppenbewegungen; mehrfach dringen ägyptische und mesopotamische Herrscher bis an die kanaanäische Küste vor. Die bedeutendste Stadt ist Byblos. Die ägyptischen Expeditionen dorthin gelten vor allem den Zedernwäldern des Libanon und den Olivenplantagen.

Etwa 1600 bis 1200 v. Chr.
(Späte Bronzezeit)

Ugarit bedeutendes kanaanäisches Zentrum in Nordsyrien; Inschriften in einem Keilschriftalphabet; Stadtstaaten im syrisch-palästinensischen Küstenbereich unter ägyptischer Kontrolle. Das Vordringen der sogenannten Seevölker aus Südosteuropa bewirkt am Ende dieser Periode u. a. den Untergang des Hethiterreiches in Kleinasien und von Ugarit. Seevölkergruppen werden im syrisch-palästinensischen Küstengebiet ansässig und üben einen bedeutenden kulturellen Einfluß aus (Einführung der Eisenbearbeitungstechnik, Weiterentwicklung des Schiffbaus). Der Einfluß Ägyptens geht dort zurück.

Etwa 1200 bis 750 v. Chr.
(Eisenzeit)

„Goldene Zeit" der Unabhängigkeit Phönikiens: In einer Zeit der Schwäche der Mächte in Ägypten und Mesopotamien entwickeln sich phönikische Stadtstaaten wie Tyros, Sidon, Byblos und Arados rasch zu Zentren des Handwerks und des Handels. Die Phöniker kontrollieren den Mittelmeerhandel. Ihre Schiffe beherrschen das Mittelmeer. Gründung phönikischer Kolonien im Mittelmeerraum, besonders von Tyros und Sidon aus.

12./11. Jh. Erste Inschriften auf der Grundlage des phönikischen Alphabets, besonders auf Pfeilspitzen. Phöniker besiedeln Zypern; Kition wird phönikische Kolonie.

1110 Gründung der Stadt Gades (heute Cádiz) an der südspanischen Atlantikküste

1105 Abenteuerliche Reise des Ägypters Wenamun von Theben nach Byblos

1101 Phöniker gründen Utika, Nachbarstadt des späteren Karthago.

Ende 11. Jh. Tyros übernimmt von Sidon die führende Rolle unter den Phönikerstädten.

969–936 Regierungszeit des Fürsten Hiram von Tyros

ab 876 Assyrische Könige greifen die phönikischen Städte an. Diese erkennen zumeist die Oberhoheit Assyriens an und zahlen Tribut, bleiben aber formal unabhängig.

814/13 Tyrer gründen Kart Hadascht (Karthago) an der Küste des heutigen Tunesien.

9./8. Jh. Beginn enger Kontakte zwischen phönikischen und griechischen Handwerkern und Händlern; Griechen übernehmen das Alphabet der Phöniker und entwickeln es weiter.

Etwa 750 bis 332 v. Chr.

Phönikien als »Spielball« der Großmächte in Mesopotamien und Ägypten. Beginn des Rückgangs der phönikischen Seeherrschaft im Mittelmeer durch zunehmende griechische und ägyptische Konkurrenz. Karthago gründet selbst Kolonien und wird stärkste Macht im westlichen Mittelmeer, bis Rom als Konkurrent auftritt.

745–727 Unterwerfung Syriens, Phönikiens und Palästinas durch Assyrien

677 Der assyrische König Asarhaddon zerstört das abtrünnige Sidon.

671 Aufstand von Tyros mit ägyptischer Hilfe gegen die assyrische Unterdrückung wird von Asarhaddon niedergeschlagen.

um 600 Phöniker umschiffen im Auftrag des ägyptischen Pharao Necho den afrikanischen Kontinent.

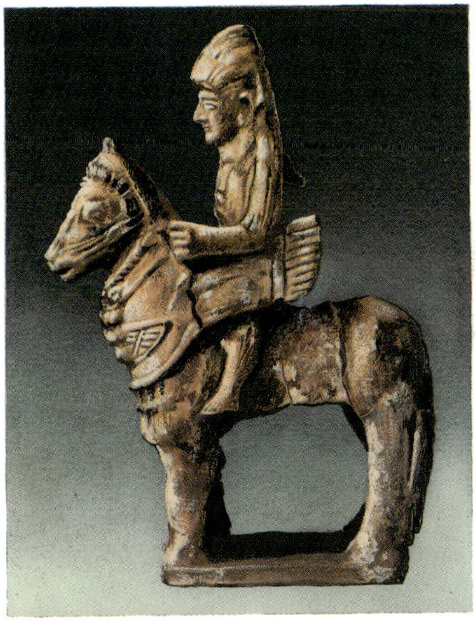

605–562 König Nebukadnezar II. von Babylon beherrscht Syrien, Phönikien und Palästina.

587–574 Erfolglose 13jährige Belagerung von Tyros durch die Truppen Nebukadnezars

538 Die syrisch-palästinensische Küstenregion fällt kampflos den persischen Achämeniden, der neuen Großmacht in Vorderasien, zu.

515 Das wiederaufgebaute Sidon wird Hauptstadt der fünften Satrapie (Provinz) des Perserreiches, die Phönikerstädte erlangen ihre Selbstverwaltung.

480 Sieg der Griechen in der Seeschlacht vor Salamis über die persisch-phönikische Flotte

ab Mitte 5. Jh. Verstärkte Handelskontakte zwischen griechischen und phönikischen Städten; starke griechische Einflüsse auf die Phönikerstädte, auch in der Kunst

1. Hälfte 4. Jh. Phönikerstädte lehnen sich gegen zunehmende Bedrückung durch die Perser auf; ihr Aufruhr wird bis 343 von den Persern niedergeschlagen.

333 Das Heer Alexanders des Großen schlägt die Perser bei Issos. Alexander zieht anschließend nach Phönikien; die Phönikerstädte – außer Tyros – unterwerfen sich.

Frühjahr/Herbst 332 Belagerung und schließlich Einnahme von Tyros durch Alexander

332 bis 64 v. Chr.

Phönikien unter hellenistischer und römischer Herrschaft

323 Tod Alexanders des Großen in Babylon. Die Phönikerstädte werden zu Streitobjekten der Nachfolger Alexanders in Syrien (Seleukiden) und Ägypten (Ptolemäer).

280–198 Phönikien, Teil des Ptolemäerreiches

264–241 1. Punischer Krieg zwischen Karthago und Rom

218–201 2. Punischer Krieg zwischen Karthago und Rom

198–64 Phönikien, Teil des Seleukidenreiches

189 Das Seleukidenreich gerät unter römische Kontrolle.

149–146 3. Punischer Krieg, der mit der Vernichtung Karthagos durch die Römer endet

ab 126 Die Phönikerstädte erlangen zeitweilig ihre Unabhängigkeit zurück.

64 Der römische Feldherr Pompeius erobert Syrien; Syrien einschließlich Phönikien wird römische Provinz. Unter römischer Herrschaft gelangen Phönikerstädte erneut zu wirtschaftlicher Blüte.

Phönikische Inschrift auf einem Basalt-Orthostaten (Wandverkleidungsplatte) aus Sam'al, mit Darstellung des Fürsten Kilamuwa (etwa 840–810 v. Chr.). Der Text berichtet von Ereignissen im Lande vor und während der Regierungszeit Kilamuwas. Die Symbole am Oberrand stehen für den Wettergott (Hörnerkappe), den Gott des Herrscherhauses (Pferdejoch eines Streitwagens), den Sonnengott (geflügelte Scheibe) und den Mondgott (Mondsichel).

Chronik alter Kulturen am Mittelmeer vom 12. Jahrhundert v. Chr.

	VORDERASIEN	ÄGYPTEN	NORDAFRIKA
1200	Vordringen der »Seevölker«; Untergang des Hethiterreiches; Unabhängigkeit Phönikiens, erste phönikische Kolonien. Palästina unter David und Salomo	Ramses III. stoppt Vormarsch der »Seevölker« (1174). Syrien/Palästina entgleitet ägyptischem Einfluß. Beginn der Spätzeit (um 1080); Pharaonen der 21. und 22. Dynastie	Nomadisierende Berberstämme. Phöniker gründen Utika (1101) und weitere Städte an der nordafrikanischen Küste.
900	Neuassyrisches Reich (884–609); Beginn assyrischer Expansion; Phöniker den Assyrern tributpflichtig. Griechen übernehmen phönikisches Alphabet.	Pharaonen der 23.–25. Dynastie. Auseinandersetzungen mit Assyrien um Syrien/Palästina. Ägypten ist zeitweise Assyrien tributpflichtig.	Gründung von (Kart Hadascht) Karthago im Jahre 814/13 durch Phöniker aus Tyros
700	Assyrer erobern Syrien, Phönikien und Palästina. Assyrerherrschaft wird durch Neubabylonisches Reich (625–539) abgelöst.	Pharaonen der 26. Dynastie auf seiten Assyriens gegen Babylonien. Verlust ägyptischer Besitzungen in Syrien/ Palästina. Erste persische Herrschaft (27. Dynastie)	Griechen gründen an der libyschen Küste Kyrene (um 620). Karthago wird Großmacht (ab 600) und dehnt seinen Einfluß auf Nordafrika und das westliche Mittelmeergebiet aus.
500	Persisches Achämenidenreich (539–330) unterwirft Phönikien. Alexander schlägt die Perser bei Issos (333) und erobert Vorderasien (stirbt 323 in Babylon).	Pharaonen der 28.–30. Dynastie. Zweite persische Herrschaft (31. Dynastie). Kampflose Übergabe Ägyptens an Alexander (332). Gründung von Alexandria	Der Karthager Hanno umschifft Afrika (um 425). Die Berber vermitteln den Handel der Karthager mit Zentralafrika.
300	Seleukidenreich in Vorderasien; Kämpfe zwischen Seleukiden und Ptolemäern. Reich der Parther im Iran und in Mesopotamien (ab 247). Syrien/ Phönikien römische Provinz (ab 64)	Nachfolger Alexanders gründen Ptolemäerreich. Ägypten führende Wirtschaftsmacht im östlichen Mittelmeer. Ägypten wird römische Provinz (30).	Erste Berberstaaten – Numidien und Mauretanien – entstehen (um 200). Römer zerstören im 3. Punischen Krieg Karthago (146). Nordafrika wird römisches Herrschaftsgebiet.

bis zum 1. Jahrhundert v. Chr.

SPANIEN/FRANKREICH	ITALIEN	GRIECHENLAND	
Kupferbergbau, Feld- und Gartenbau in Südspanien. Tarschisch Handelszentrum in Südwestspanien. Gründung von Gades am Atlantik durch Phöniker (1110)	Einwanderung von Völkern, die sich mit Ansässigen verbinden	Einwanderung der Dorer und nordwestgriechischer Stämme. Zerstörung von Mykene und Troja. Griechische Kolonisierung der Westküste Kleinasiens	**1200**
Gallische Stämme lassen sich nieder (ab ca. 800).	Zeugnisse etruskischer Kultur (ab ca. 800). Sagenhafte Gründung Roms (753). Griechische Koloniestädte in Süditalien und auf Sizilien (ab 750)	Griechische Stadtstaaten entstehen (ab ca. 800). Homer dichtet »Ilias« und »Odyssee«. Griechen kolonisieren Küsten des Mittelmeeres und des Schwarzen Meeres (ab 8. Jh.).	**900**
Griechen gründen mehrere Städte an der Küste Südspaniens und Südfrankreichs, u. a. Massilia (Marseille). Karthager gründen Ibiza auf den Balearen (654/53).	Etrurien starke Wirtschafts- und Seehandelsmacht (ab ca. 600), Vertrage mit Karthago. Grundung der römischen Republik (509)	Beginn der griechischen Münzprägung (um 650). Sklaven werden zu den wichtigsten Produzenten.	**700**
Machtausdehnung der Karthager in Südspanien, mit wechselndem Erfolg im Kampf gegen die Einheimischen	Flotte aus Syrakus besiegt Etrusker vor Kyme (474). Veia fällt unter römische Herrschaft (396). Gallier plündern Rom (387). Rom unterwirft Italien (ab Mitte 4. Jh.).	Griechen besiegen Perser bei Salamis (480). Blütezeit Athens (460–430). Makedonien unterwirft griechische Stadtstaaten (338). Alexander König von Makedonien (336)	**500**
Karthager gründen Neukarthago (221); Hannibals Heer bricht hier nach Italien auf (218). Römer erobern Spanien (206) und fast ganz Südfrankreich (121).	In den 3 Punischen Kriegen (264–146) erobert Rom karthagisches Herrschaftsgebiet. Mittelmeerländer werden Provinzen oder Einflußgebiete Roms.	Griechenland unter Vorherrschaft Makedoniens. Makedonien (148) und ganz Griechenland (146) unter Römerherrschaft	**300**

Inhaltsverzeichnis

Karten auf Einbandinnenseiten von Wolfgang Mühlberg
Gesamtherstellung: Sachsendruck und Verlag GmbH
Printed in Germany
ISBN 3-358-01650-1

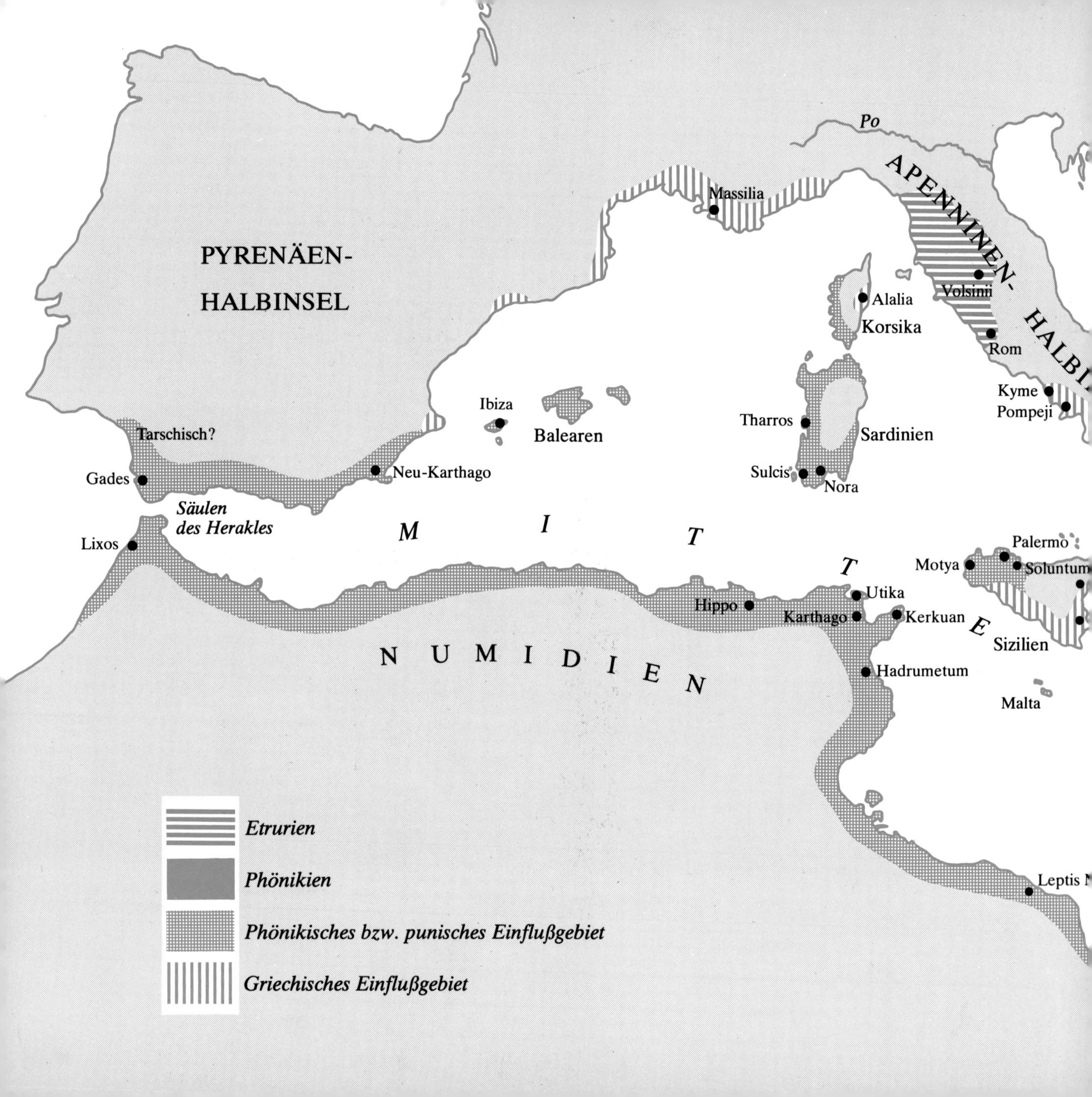
PYRENÄEN-
HALBINSEL
APENNINEN-HALBI
Po
Massilia
Volsinii
Rom
Alalia
Korsika
Kyme
Pompeji
Ibiza
Balearen
Tharros
Sardinien
Sulcis
Nora
Tarschisch?
Gades
Neu-Karthago
Säulen
des Herakles
Lixos
M I T T E
Palermo
Motya
Soluntum
Utika
Hippo
Karthago
Kerkuan
Sizilien
N U M I D I E N
Hadrumetum
Malta
Leptis
Etrurien
Phönikien
Phönikisches bzw. punisches Einflußgebiet
Griechisches Einflußgebiet